新型工业化·新计算·人工智能系列

自然语言处理入门与实战

徐 鹏 张良均 主 编

沈新娣 卢优兰 赵海清 副主编

电子工业出版社·
Publishing House of Electronics Industry
北京·BEIJING

内 容 简 介

本教材将 Python 自然语言处理的常用技术与真实案例相结合，深入浅出地介绍 Python 自然语言处理的重要内容。全书共 8 章，主要分为两大部分，第 1~3 章为基础篇，包括导论、文本基础处理、文本预处理与分析，第 4~8 章为实践篇，包括新闻自动分类、"天问一号"事件用户评论情感分析、游客景区印象分析、论文标题自动生成，以及基于 TipDM 大数据挖掘建模平台的游客景区印象分析。本教材每章都包含课后习题，通过练习和操作实践，帮助读者巩固所学的内容。

本教材可以作为高校数据科学或人工智能等相关专业的教材，也可作为自然语言处理爱好者的自学用书。

未经许可，不得以任何方式复制或抄袭本书之部分或全部内容。
版权所有，侵权必究。

图书在版编目（CIP）数据

自然语言处理入门与实战 / 徐鹏，张良均主编.
北京：电子工业出版社，2025.8. -- ISBN 978-7-121-51177-6

Ⅰ．TP391

中国国家版本馆 CIP 数据核字第 2025NH6343 号

责任编辑：孟泓辰
印　　刷：三河市龙林印务有限公司
装　　订：三河市龙林印务有限公司
出版发行：电子工业出版社
　　　　　北京市海淀区万寿路 173 信箱　邮编：100036
开　　本：787×1092　1/16　印张：11.75　字数：282 千字
版　　次：2025 年 8 月第 1 版
印　　次：2025 年 8 月第 1 次印刷
定　　价：49.80 元

凡所购买电子工业出版社图书有缺损问题，请向购买书店调换。若书店售缺，请与本社发行部联系，联系及邮购电话：（010）88254888，88258888。
质量投诉请发邮件至 zlts@phei.com.cn，盗版侵权举报请发邮件至 dbqq@phei.com.cn。
本书咨询联系方式：menghc@phei.com.cn。

前 言

自然语言处理（Natural Language Processing，NLP）技术作为智能科技领域的闪亮新星，其在数字经济时代的应用范围正日益扩大，成为数据洪流中的关键动力。在当前数字经济发展的浪潮中，自然语言处理不仅是推动信息流通和处理效率提升的重要工具，也是促进社会经济结构转型升级的关键因素。它代表着新质生产力的崛起，通过智能化手段解放和发展生产力，为经济增长注入新的活力。

新质生产力的发展强调以技术创新为核心，自然语言处理在社交媒体互动、视频内容解析、新闻资讯筛选等领域中的应用，不仅提高了信息处理的效率，也推动了内容创造和知识服务新模式的形成。在旅行规划辅助、文本自动生成等方面，自然语言处理同样展现出强大的创新能力和广泛的应用前景。

本书立足于数字经济和新质生产力的发展背景，旨在为广大自然语言处理新手提供一条边学边练的捷径。通过精选与数字经济紧密相关的中文语料案例，不仅让读者在实战中迅速掌握自然语言处理的核心技能，也为推动我国新质生产力的发展培养了一批具备实战能力的专业人才。

本书特色

本书全面贯彻党的二十大精神，以社会主义核心价值观为引领，加强基础研究、发扬斗争精神，为建设社会主义文化强国、数字强国添砖加瓦。全书将理论与实战结合，注重实战思路的融会贯通。本书采用图文并茂的方式和简洁易懂的语言，旨在引导读者从实际应用出发，循序渐进地掌握自然语言处理。从每个知识点的背景故事开始，逐步深入到原理的剖析，再通过新闻类型分类、社交媒体分析、旅游评论分析以及文本生成等案例，直观展示如何将所学技能转化为解决实际问题的利器。全书内容紧贴实用需求，避免冗余理论堆砌，专注于启发思维和提供切实可行的解决方案，让读者能够轻松上手，真正将自然语言处理应用于日常生活和工作之中。

本书适用对象

- 开设有自然语言处理课程的高校学生。
- 自然语言处理应用的开发人员。
- 进行自然语言处理应用研究的科研人员。

代码下载及问题反馈

为了帮助读者更好地使用本书，本书配有原始数据文件、Python 程序代码，以及 PPT 课件、教学大纲、教学进度表和教案等教学资源，读者可以登录华信教育资源网免费获取。

由于编者水平有限，书中难免出现一些疏漏和不足的地方，敬请读者批评指正。如果您有更多的宝贵意见，欢迎在泰迪学社微信公众号（TipDataMining）回复"图书反馈"进行反馈。更多本系列图书的信息可以在泰迪云教材网站查阅。

编　者

2025 年 8 月

目 录

基础篇

第1章 导论 ... 002
- 1.1 自然语言处理概述 ... 003
  - 1.1.1 发展历程及未来展望 ... 003
  - 1.1.2 研究内容与常见应用 ... 003
  - 1.1.3 自然语言处理的基本流程 ... 005
- 1.2 自然语言处理的开发环境 ... 007
  - 1.2.1 Python 的优势 ... 007
  - 1.2.2 自然语言处理开发环境配置 ... 008
- 1.3 自然语言与大语言模型 ... 013
- 本章小结 ... 015
- 课后习题 ... 015

第2章 文本基础处理 ... 016
- 2.1 文本数据源 ... 017
- 2.2 语料库 ... 017
  - 2.2.1 语料库的类型 ... 018
  - 2.2.2 语料库的用途 ... 019
  - 2.2.3 语料库的构建与获取 ... 019
- 2.3 中文分词 ... 023
  - 2.3.1 常用中文分词方法 ... 023
  - 2.3.2 基于jieba库的中文分词 ... 029
- 2.4 词性标注与命名实体识别 ... 031
  - 2.4.1 词性标注简介与规范 ... 031
  - 2.4.2 命名实体识别简介与常用算法 ... 033
  - 2.4.3 基于jieba库的词性标注与命名实体识别 ... 035

2.5 关键词提取 ... 037
2.5.1 常用关键词提取算法 ... 037
2.5.2 提取文本关键词 ... 039
本章小结 ... 043
课后习题 ... 043

第3章 文本预处理与分析 ... 045
3.1 文本向量化与相似度 ... 046
3.1.1 文本向量化与相似度简介 ... 046
3.1.2 常用文本向量化方法 ... 047
3.1.3 文本向量化实现 ... 055
3.1.4 常用文本相似度算法 ... 057
3.1.5 文本相似度算法实现 ... 060
3.2 文本分析简介 ... 062
3.2.1 结构化分析 ... 062
3.2.2 语义化分析 ... 064
3.3 文本分析常用算法 ... 065
3.3.1 常用机器学习算法 ... 065
3.3.2 常用深度学习算法 ... 070
本章小结 ... 076
课后习题 ... 076

实践篇

第4章 新闻自动分类 ... 080
4.1 业务背景与项目目标 ... 081
4.1.1 业务背景 ... 081
4.1.2 数据说明 ... 081
4.1.3 分析目标 ... 082
4.2 分析方法与过程 ... 082
4.2.1 数据采集 ... 083
4.2.2 数据探索 ... 083

  4.2.3　文本预处理 088
  4.2.4　构建SVM模型 092
  4.2.5　模型评估 095
 本章小结 096
 课后习题 097

第5章　"天问一号"事件用户评论情感分析 098

 5.1　业务背景与项目目标 099
  5.1.1　业务背景 099
  5.1.2　数据说明 099
  5.1.3　分析目标 100
 5.2　分析方法与过程 101
  5.2.1　数据探索 101
  5.2.2　文本预处理 106
  5.2.3　绘制词云图 110
  5.2.4　模型构建与训练 114
  5.2.5　模型评估 119
  5.2.6　模型优化 121
 本章小结 126
 课后习题 126

第6章　游客景区印象分析 127

 6.1　业务背景与项目目标 128
  6.1.1　业务背景 128
  6.1.2　数据说明 128
  6.1.3　分析目标 129
 6.2　分析方法与流程 130
  6.2.1　文本预处理 130
  6.2.2　景区印象分析 133
  6.2.3　景区特色分析 134
  6.2.4　提升景区美誉度的建议 140
 本章小结 141
 课后习题 141

第 7 章　论文标题自动生成 142

7.1　业务背景与项目目标 143
7.1.1　业务背景 143
7.1.2　数据说明 144
7.1.3　分析目标 144

7.2　分析方法与流程 145
7.2.1　文本预处理 145
7.2.2　训练模型 148
7.2.3　结果与分析 154

本章小结 156
课后习题 156

第 8 章　基于 TipDM 大数据挖掘建模平台的游客景区印象分析 157

8.1　TipDM 大数据挖掘建模平台简介 158
8.1.1　共享库 159
8.1.2　数据连接 159
8.1.3　数据集 160
8.1.4　我的工程 160
8.1.5　个人组件 163

8.2　使用平台实现游客景区印象分析 164
8.2.1　使用平台实现游客景区印象分析的总体流程 164
8.2.2　配置数据源 165
8.2.3　文本预处理 167
8.2.4　景区印象分析 171
8.2.5　景区特色分析 174

本章小结 177
课后习题 178

参考文献 179

基础篇

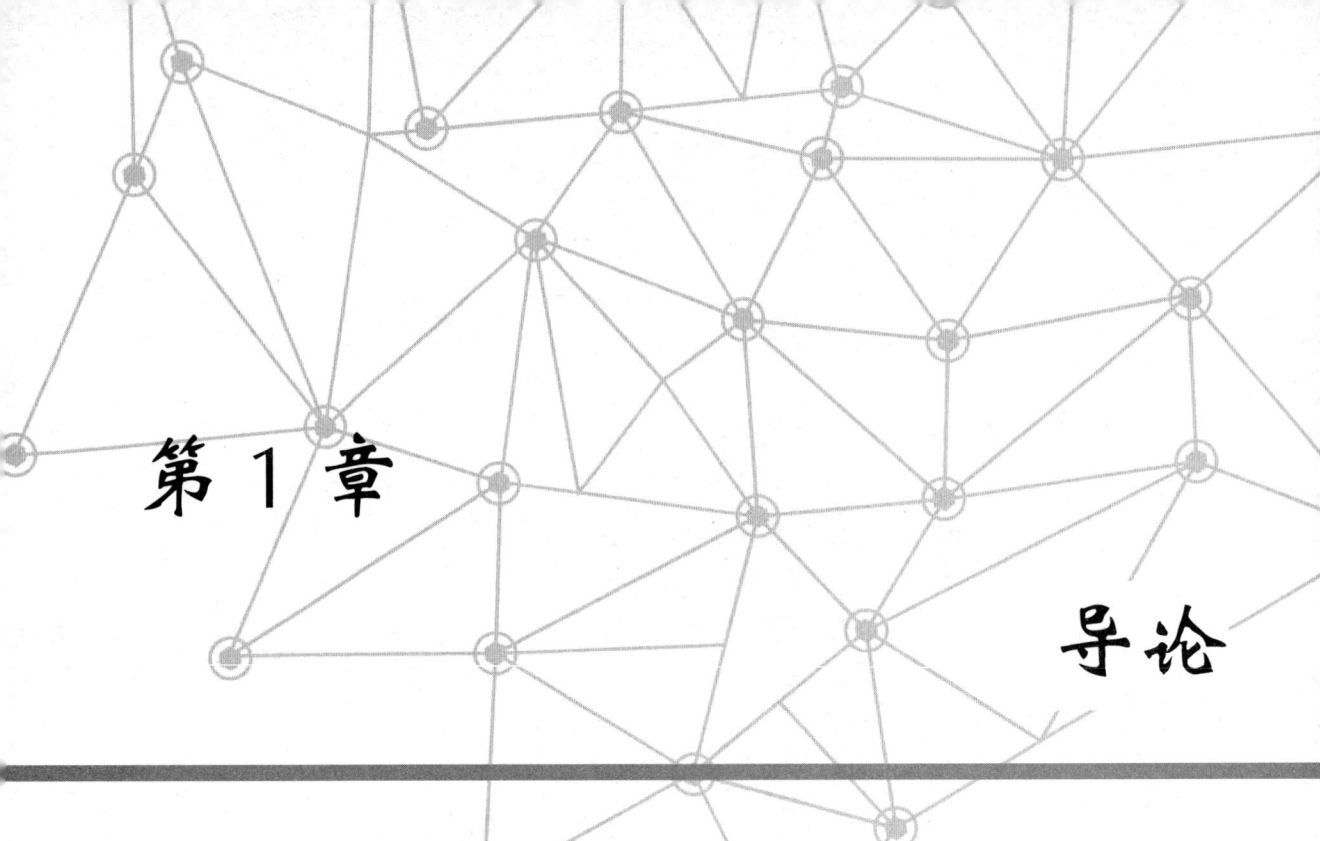

第 1 章 导论

自然语言处理（Natural Language Processing，NLP）是计算机科学、人工智能和语言学等学科交叉的前沿领域。其目标是让计算机能够理解、处理和生成自然语言，使计算机具有类似人类的语言交互和文本理解能力。自然语言处理的应用范围广泛，包括机器翻译、智能客服、智能搜索、自动文摘、情感分析、语音识别、问答系统等。近年来，自然语言处理技术取得了巨大进展，主要得益于深度学习技术的发展以及互联网海量的文本数据。深度学习技术在自然语言处理领域的应用涉及词向量表示、语言模型、机器翻译、文本分类、命名实体识别（Named Entity Recognition，NER）等任务。本章将介绍自然语言处理的基本概念、发展历程、研究内容、常见应用、基本流程和大语言模型（Large Language Model，LLM）等内容。

学习目标

（1）了解自然语言处理的基本概念。
（2）掌握自然语言处理的基本流程。
（3）熟悉 Anaconda 的安装流程。
（4）了解主流的大语言模型。

1.1 自然语言处理概述

自然语言是指汉语、英语、法语等人们日常使用的语言,是自然而然地随着人类社会发展演变而来的语言,是人类学习、生活的重要工具。自然语言处理涉及语义理解、语言生成、文本分析、机器翻译、信息检索等多个领域。

1.1.1 发展历程及未来展望

自然语言处理的发展可以追溯到 20 世纪 50 年代,当时研究人员开始尝试使用计算机处理语言。早期的研究主要集中在句法分析和机器翻译上。然而,语言的复杂性和歧义性导致这些方法的效果受限。

到了 20 世纪 80 年代,随着统计模型和机器学习的发展,自然语言处理取得了重大突破。统计语言模型、隐马尔可夫模型和最大熵模型等被广泛应用于文本分类、信息检索和语音识别等任务中。

近年来,深度学习和大数据的兴起进一步推动了自然语言处理的发展。神经网络模型,如循环神经网络(Recurrent Neural Network,RNN)和 Transformer,在语言模型、机器翻译和文本生成等任务中取得了显著的进展。另外,预训练模型(如 BERT、GPT 等)的引入也提高了自然语言处理的性能。

展望未来,自然语言处理仍然面临许多挑战。例如,语义理解仍然是一个复杂的问题,涉及对上下文的理解和常识推理能力。此外,多语言处理、跨领域应用和语音对话系统等领域也需要进一步研究和创新。随着技术的不断进步和数据资源的积累,我们可以期待自然语言处理在自动化客服、智能助手、智能翻译等方面发挥越来越重要的作用。

1.1.2 研究内容与常见应用

自然语言处理的研究内容包括很多分支领域,如机器翻译、信息检索、信息抽取、文本分类、智能问答、信息过滤、自动摘要、语音识别、自动校对、主题词识别、知识库构建、深度文本表示、命名实体识别、文本生成、文本分析(词法、句法、语法)等。

1. 机器翻译

机器翻译又称自动翻译,是利用计算机将一种自然语言转换为另一种自然语言的过程。机器翻译是计算语言学的一个分支,是人工智能的终极目标之一,具有重要的科学研究价值。

常见的机器翻译有基于统计的机器翻译和基于神经网络的机器翻译。其中，基于统计的机器翻译是基于统计模型，通过分析大量的双语平行语料来学习翻译规律的，主要包括词对齐、短语翻译等统计模型；基于神经网络的机器翻译使用神经网络模型，如循环神经网络和注意力机制（Attention Mechanism），采用编码器-解码器结构，对整个句子进行直接翻译。机器翻译主要应用于文字翻译、文档翻译、语音翻译、拍照翻译、同传翻译、网站翻译、扫描翻译等场景。

2. 信息检索

信息检索又称情报检索，是指利用计算机系统从海量文档中找到符合用户需求的相关信息。狭义的信息检索仅指信息查询，广义的信息检索是指将信息按一定的方式进行加工、整理、组织并存储起来，再根据用户特定的需求将相关信息准确查找出来的过程。信息检索处理的对象是非结构化数据，包括文本数据、网页数据、多媒体数据等。

3. 信息抽取

信息抽取是指从文本中抽取出特定的事件或事实信息。例如，从时事新闻报道中抽取出某一事件的基本信息，如时间、地点、事件制造者等。信息抽取与信息检索有着密切的关系，信息抽取系统通常以信息检索系统的输出作为输入，并且，信息抽取技术可以用于提高信息检索的性能。

4. 文本分类

文本分类又称文档分类或信息分类，其目的是利用计算机系统对大量的文档按照一定的标准进行分类。文本分类技术拥有广泛的用途，如公司可以利用该技术了解用户对产品的评价等。

5. 智能问答

智能问答是指问答系统能以一问一答的形式，正确回答用户提出的问题。智能问答可以精确定位用户所提问的知识，通过与用户进行交互，为用户提供个性化的信息服务。

6. 信息过滤

信息过滤是指根据特定的规则、条件或算法，对大量的信息进行筛选、分类或过滤，以便用户能够获得符合其需求或偏好的信息。信息过滤通常应用于互联网、社交媒体、电子邮件、新闻、广告等领域，旨在帮助用户从海量信息中找到他们感兴趣或有用的内容。

7. 自动摘要

自动摘要是指利用计算机程序或算法从一篇文章、一段文本或一组文档中自动提取出关键信息，以生成简洁、概括性的摘要。自动摘要的目的是帮助用户快速了解文本的主要内容和要点，节省阅读时间，提高信息获取效率。随着自然语言处理和机器学习技术的发展，自动摘要的质量和准确性不断提高，成为信息处理和智能系统的重要组成部分。自动摘要在信息检索、新闻摘要和文本摘要等领域有着广泛的应用。

8. 语音识别

语音识别又称自动语音识别，是指对输入计算机的语音信号进行识别并将其转换成书面语言表示出来。语音识别技术所涉及的领域众多，其中包括信号处理、模式识别、概率论和信息论、发声机理和听觉机理等。

9. 自动校对

自动校对是指对文字拼写、用词、语法或文档格式等进行自动检查、校对和编排的过程。电子信息的形成有多种途径，最常见的是用键盘输入，这难免会造成一些输入错误，由此产生了利用计算机进行文本自动校对的研究。自动校对系统可应用于报刊、图书等需要进行文本校对的行业。

1.1.3 自然语言处理的基本流程

自然语言处理的基本流程由语料获取、语料预处理、文本向量化、模型构建、模型训练和模型评估六部分组成。

1. 语料获取

在进行自然语言处理之前，关键步骤是得到文本语料。文本语料的获取一般有以下几种方法。

（1）利用已经建好的数据集或第三方语料库，此方法可以省去很多处理成本。

（2）获取网络数据。很多时候要解决的是某种特定领域的应用，仅靠开放语料库无法满足需求，这时可以通过"爬虫"技术获取需要的信息。

（3）制定数据搜集策略来搜集数据。可以通过制定数据搜集策略，从业务的角度搜集所需要的数据。

（4）与第三方合作获取数据。通过购买的方式获取需要的文本数据。

2. 语料预处理

获取语料后需要对语料进行预处理，语料预处理为后续模型的构建和训练提供了高质量的语料数据，是保证自然语言处理任务完成的基础。常用的语料预处理方法如下。

（1）语料清洗。语料清洗是指保留有用的数据，删除噪声数据。常用的清洗方式有人工去重、对齐、删除、标注等。大多数情况下，获取的文本数据中存在很多无用的内容，如爬取的一些 HTML 代码、CSS 标签和不需要的标点符号等，这些都需要分步骤去除。少量非文本内容可以直接用 Python 的正则表达式去除，复杂的非文本内容可以通过 Python 的 Beautiful Soup 库去除。

（2）中文分词。分词是将文本分成词语，如通过基于规则的、基于统计的分词方法进行分词。中文分词的常用工具有 jieba、NLTK、SnowNLP、LTP、HanLP 等。

（3）词性标注。词性标注是给词语标上词类标签，如名词、动词、形容词等。常用的词性标注方法有基于规则的、基于统计的算法，如最大熵词性标注、HMM 词性标注等。常用的词性标注工具有 jieba、NLTK、SnowNLP、LTP、HanLP、PKUSeg、THULAC、pyhanlp、FoolNLTK、Stanford CoreNLP 等。

（4）去停用词。去停用词是去掉对文本特征没有任何贡献的字词，如标点符号、语气词、"的"等。中文文本中存在大量的虚词、代词或者没有特定含义的动词、名词，在文本分析时需要去掉。

3. 文本向量化

文本数据经过预处理去除数据中非文本内容、中文分词、词性标注和去停用词后，语料预处理部分基本完成。但是还无法直接将文本用于任务计算，需要通过某些处理手段，预先将文本转换为特征向量。文本向量化的作用是将文本数据转换为算法可以处理的数值形式，以便进行各种自然语言处理任务和文本分析。一般可以调用一些模型来对文本进行处理，常用的模型有词袋（Bag-Of-Words，BOW）模型、独热表示（One-Hot Encoding）、TF-IDF 表示、n 元语法（n-gram）模型、Word2Vec 模型和 Doc2Vec 模型等。

4. 模型构建

文本向量化后，需要根据文本分析的需求和目标选择合适的模型进行模型构建。过于复杂的模型往往并不是最优的选择，模型的复杂度与模型训练时间呈正相关，模型复杂度越高，模型训练时间往往也越长，但结果的精度可能与简单的模型相差无几。自然语言处理中使用的模型包括机器学习模型和深度学习模型两种。常用的机器学习模型有朴素贝叶斯（Naive Bayes）、决策树（Decision Tree）、支持向量机（Support Vector Machine，SVM）、K-means 等算法。常用的深度学习模型有卷积神经网络（Convolutional Neural Network，CNN）、循环神经网络、注意力机制、Transformer 等。

5. 模型训练

模型构建完成后，需要进行模型训练。在自然语言处理中，模型训练的目的是让模型能够理解和处理文本数据，如进行文本分类、情感分析、语言生成等任务。训练时可先使用小批量数据进行试验，这样可以避免直接使用大批量数据训练导致训练时间过长等问题。在模型训练的过程中要注意两个问题：第一个是在训练集上表现很好，但在测试集上表现很差的过拟合问题；第二个是模型不能很好地拟合数据的欠拟合问题。

只训练一次的模型往往无法达到理想的精度与效果，所以需要进行模型调优迭代，提升模型的性能。模型调优往往是一个复杂、冗长且枯燥的过程，需要多次对模型的参数做出修正；调优的同时需要权衡模型的精度与泛用性，在提高模型精度的同时还需要避免过拟合。在现实生产与生活中，数据的分布会随着时间的推移而改变，当一个模型随着时间的推移，在新的数据集中的评价不断下降时，就意味着这个模型无法适应新的数据变化，此时模型需要进行重新训练。

6. 模型评估

模型训练完成后，需要对模型的效果进行评估。模型评估的目的是了解模型在实际应用中的表现如何，从而为模型的改进和优化提供参考。模型评估为模型调优提供了指导和反馈。模型的评估指标主要有准确率（Accuracy）、精确率（Precision）、召回率（Recall）、F1值、ROC曲线、AUC曲线等。针对不同类型的模型，所用的评估指标往往也不同，例如，分类模型常用的评估方法有准确率、精确率和AUC曲线等。同一种评估方法也往往适用于多种类型的模型。在实际的生产环境中，模型性能评估的侧重点可能会不一样，不同的业务场景对模型的性能有不同的要求，例如，可能造成经济损失的预测结果会要求模型的精度更高。

1.2 自然语言处理的开发环境

在自然语言处理的开发过程中，合适的开发环境能够提供丰富的工具和库，便于进行文本数据的处理、特征提取、模型训练等工作。自然语言处理常用的开发环境主要包括R语言、Python、Java等。在这些开发环境中，开发者可以使用各种自然语言处理工具和库来进行文本处理、情感分析、命名实体识别、文本分类等任务。由于Python具有易用、可扩展性强和开源等特点，因此，采用Python进行自然语言处理是较好的选择。常见的自然语言处理开发环境也是基于Python的一些主要工具和库来构建的。

1.2.1 Python的优势

使用Python进行自然语言处理应用开发的优势如下。

（1）大量的工具和开源库。Python拥有许多优秀的自然语言处理工具和库，如NLTK、spaCy、Gensim等，这些工具可以帮助开发者快速构建自然语言处理应用。

（2）易于学习和使用。Python 语言简单易学，语法简洁，易于阅读和理解，使得开发者可以快速上手。

（3）跨平台支持。Python 可以在多种操作系统上运行，包括 Windows、Linux 和 macOS 等，这使得开发者可以在不同的环境下开发和部署自然语言处理应用。

（4）强大的数据处理能力。Python 拥有丰富的数据处理能力，如数据清洗、数据分析和数据可视化等，这使得开发者可以更好地处理和分析自然语言处理数据。

（5）大量的社区支持。Python 拥有庞大的开发者社区，开发者可以在社区中寻求帮助、分享经验和获取资源，这使得开发自然语言处理应用更加容易和高效。

（6）可扩展性。Python 可以与其他编程语言和技术集成，如 Java、C++、R 和 Hadoop 等，这使得开发者可以更好地扩展和优化自然语言处理应用。

Python 中常用的自然语言处理库如表 1-1 所示。

表 1-1 Python 中常用的自然语言处理库

库名	说明
NLTK	NLTK 是一个用于构建自然语言处理应用的 Python 应用开源平台，也是基于 Python 实现的自然语言处理库
jieba	jieba 库可提供精确模式、全模式和搜索引擎模式 3 种分词模式。jieba 库在自然语言处理中的作用是对中文文本进行分词处理，为后续的文本处理、信息检索、文本挖掘和自然语言理解等任务提供基础支持
scikit-learn	scikit-learn 库提供了各种用于数据挖掘和数据分析的工具和算法。它还提供了用于模型评估和数据预处理的函数，使得用户可以很容易地进行数据分析和模型训练
Gensim	Gensim 是一款开源的第三方 Python 工具包，用于从原始的非结构化的文本中，无监督地学习到文本隐藏层的主题向量表达。它支持包括词频-逆文档频率（Term Frequency-Inverse Document Frequency，TF-IDF）、潜在语义分析（Latent Semantic Analysis，LSA）、LDA 和 Word2Vec 在内的多种主题模型算法，支持流式训练，并可提供诸如相似度计算、信息检索等一些常用任务的 API
sklearn-crfsuite	sklearn-crfsuite 是基于 CRFsuite 库的一款轻量级的条件随机场（Conditional Random Field，CRF）库。sklearn-crfsuite 不仅可提供 CRF 的训练和预测方法，还可提供评测方法
joblib	joblib 是一组在 Python 中提供轻量级管道的工具。例如，可提供函数的透明磁盘缓存和延迟重新计算（记忆模式）、简单并行计算

1.2.2 自然语言处理开发环境配置

自然语言处理是一项复杂的工作，需要配置合适的开发环境来进行应用程序的开发和部署。在配置自然语言处理开发环境时，需要考虑到各种工具和库的安装、数据集的获取和管理，以及模型训练和评估的流程。本小节将介绍如何安装和配置 Anaconda 以及 Anaconda 的应用。

1. Anaconda 安装

Anaconda 是 Python 的一个开源发行版本，包含 180 多个科学包及其依赖项。其中，

conda 是一个开源的环境管理器，可以在同一台计算机上安装不同版本的软件包及其依赖项，并能够在不同的环境之间切换。Anaconda 包含大量的科学包，下载文件比较大。如果只需要某些包，可以使用较小的发行版 Miniconda。

Anaconda 可以应用于多种操作系统，不管是 Windows、Linux 还是 macOS，都可以找到对应的版本，本书所介绍的 Anaconda 基于对应 Windows 系统的 Anaconda3 2021.11 版本。Anaconda 可以同时管理不同版本的 Python 环境，包括 Python 2 和 Python 3。由于 Python 2 已停止更新维护，本书中所有的程序代码都基于 Python 3.9.7 版本进行编写。在 Windows 环境下，Anaconda 的安装比较简单。按照默认选项进行安装，在选择完路径后，可选中"Add Anaconda3 to my PATH environment variable"（添加 Anaconda3 至系统环境变量路径）复选框，如图 1-1 所示。选中此复选框的好处是方便后续安装多种版本的 Python，但可能会影响其他程序的使用。

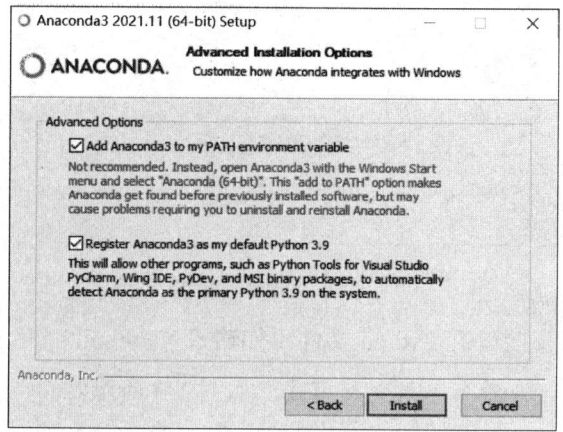

图 1-1　添加 Anaconda3 至系统环境变量路径

2. Anaconda 应用介绍

Anaconda 是一个用于科学计算的开源软件包，它包含了许多常用的数据科学工具和库，如 Anaconda Navigator、Anaconda Prompt、Jupyter Notebook 和 Spyder 等。

1）Anaconda Navigator

Anaconda Navigator 是 Anaconda 包含的桌面图形界面，可以在不使用命令的条件下，方便地启动应用程序，管理 conda 包、环境和频道等。打开 Anaconda Navigator 页面后，页面上会出现 CMD.exe Prompt、Datalore、IBM Watson Studio Cloud、JupyterLab、Jupyter Notebook、Powershell Prompt 等应用，如图 1-2 所示。如果要运行 Jupyter Notebook，直接单击"Jupyter Notebook"的"Launch"按钮即可。

2）Anaconda Prompt

Anaconda Prompt 相当于命令提示符窗口，与命令提示符窗口不同的是，Anaconda Prompt

已经配置好环境变量。初次安装 Anaconda 的包一般比较旧，若在之后的使用中报错，可以执行"conda update package_name"命令来更新较旧的包。

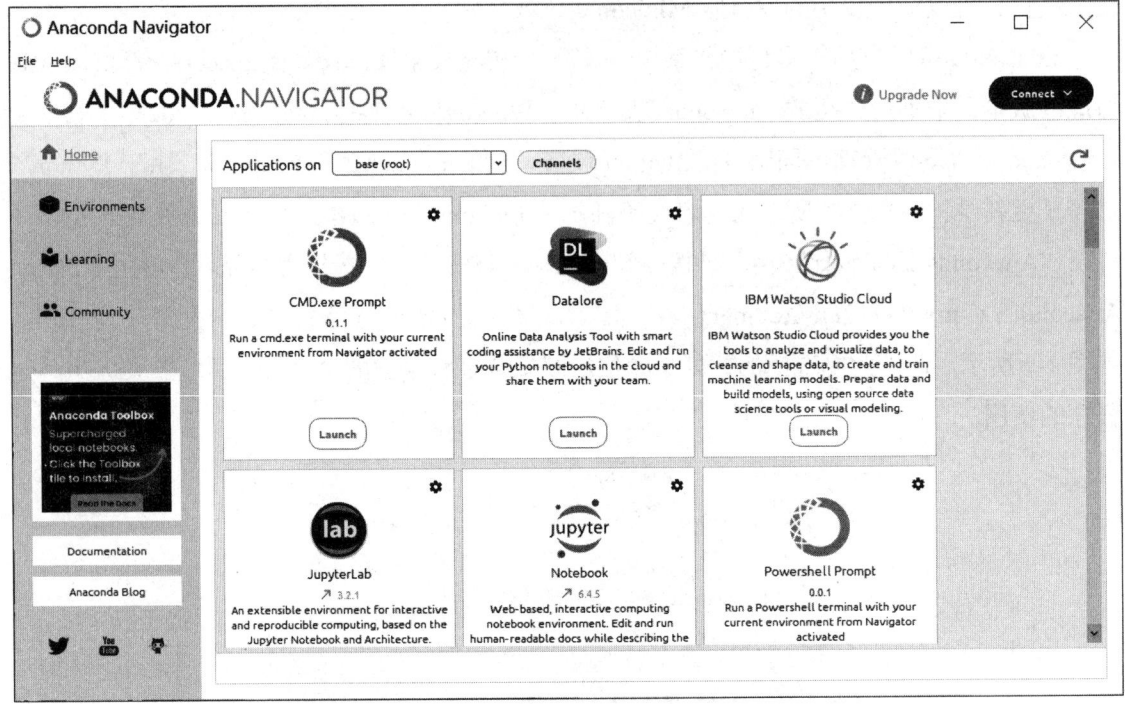

图 1-2　Anaconda Navigator 界面

在当前环境下可以直接运行 Python 文件（如输入"Python hello.py"并按"Enter"键）或在命令行执行"Python"命令进入交互模式，如图 1-3 所示。

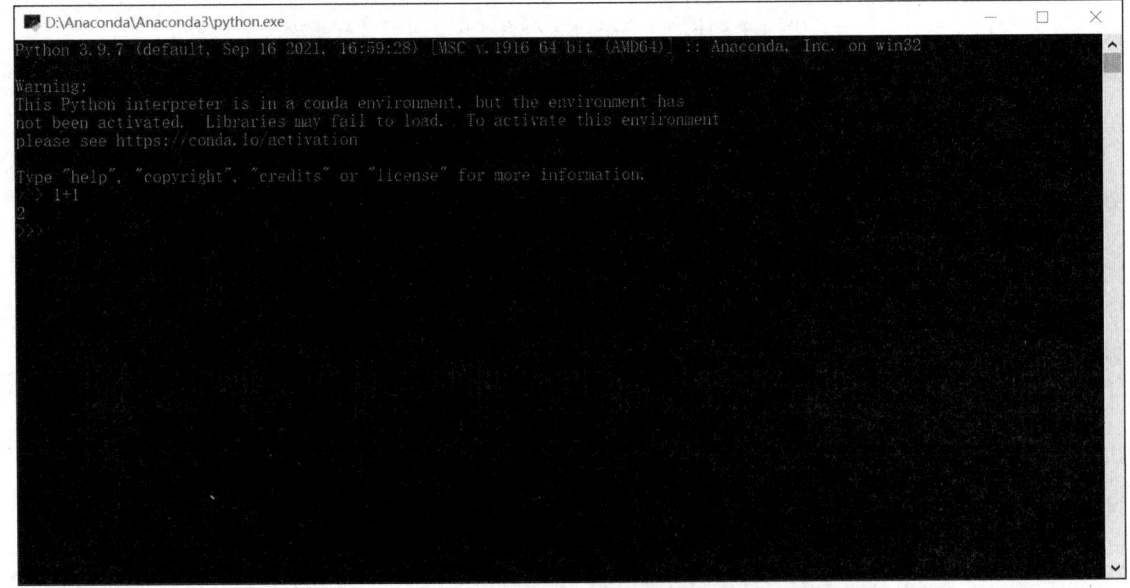

图 1-3　通过 Anaconda Prompt 运行 Python 文件或进入交互模式

3）Jupyter Notebook

Jupyter Notebook 是一个在浏览器中使用的交互式代码编辑器，可以将代码、文字结合起来，它的受众群体大多是从事数据科学领域相关工作（如机器学习、数据分析等）的人员。在撰写含有程序的文章时，有时会有一大堆代码，这样不便于读者阅读，而使用 Jupyter Notebook 可以一边编写代码，一边解释代码，非常适用于交互。

打开 Jupyter Notebook 有 3 种方式。第一种方式是直接在开始菜单栏中单击 Anaconda 下的"Jupyter Notebook"；第二种方式是在 Anaconda Prompt 中执行"jupyter notebook"命令，浏览器会自动打开并显示当前的目录；第三种方式是先进入某个文件夹，然后按住"Shift"键并单击鼠标右键，在弹出的快捷菜单中选择"在此处打开 Powershell 窗口"命令，如图 1-4 所示，这时会弹出命令窗口，接着执行"jupyter notebook"命令即可。待 Jupyter Notebook 打开后，选择右上角的"New"→"Python 3"，便可创建新笔记，如图 1-5 所示。使用 Jupyter Notebook 运行 Python 程序时的界面如图 1-6 所示。

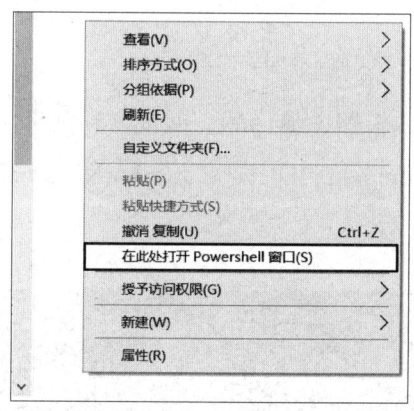

图 1-4　选择"在此处打开 Powershell 窗口"命令

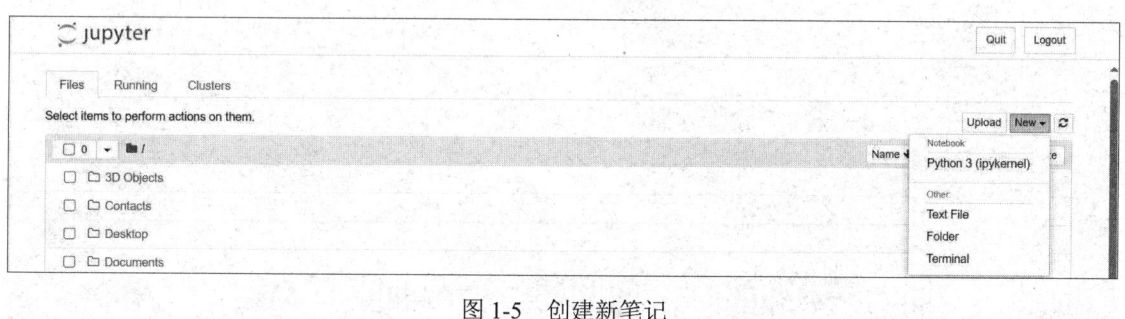

图 1-5　创建新笔记

图 1-6　使用 Jupyter Notebook 运行 Python 程序时的界面

Jupyter Notebook 有编辑模式和命令模式两种输入模式。当单元框的边框线是绿色时，Jupyter Notebook 处于编辑模式，此时允许在单元框中输入代码或者文本，按"Esc"键可切换为命令模式。在命令模式中，单元框的边框线是灰色的，可以用键盘输入运行程序的命令，按"Enter"键切换为编辑模式。在编辑文档时，都以 cell 为单元框。cell 有 3 种类型，不同的类型代表不同的意义，如表 1-2 所示。

表 1-2 cell 的类型说明

类型	说明
code	表示内容可以运行
heading	表示此单元框的内容是标题（如一级、二级、三级标题）
markdown	表示可以用 markdown 的语法编辑文本

代码编辑完成后按"Shift+Enter"快捷键或者单击页面上方的"运行"按钮，可执行 cell 中的命令。文档编辑完成后，保存文件默认为".ipynb"格式，也可以保存为".py"".md"".html"等格式。

4）Spyder

Spyder 是一款囊括代码编辑器、编译器、调试器和图形用户界面工具的集成开发环境（Integrated Development Environment，IDE），与 Jupyter Notebook 一样是用于编写代码的 IDE 工具。Spyder 界面如图 1-7 所示。

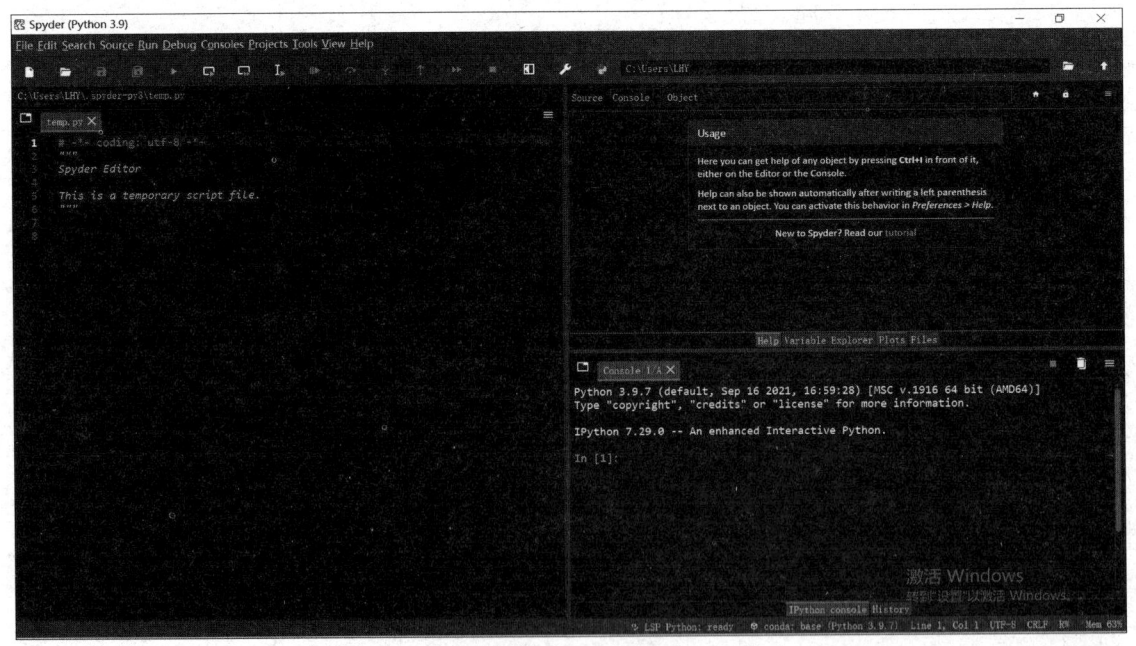

图 1-7 Spyder 界面

Spyder 界面可分为菜单栏、查看栏、输出栏、状态栏及工作区等，菜单栏下一栏被称为工具栏。各个区域的功能介绍如表 1-3 所示。

表 1-3　Spyder 界面中各区域的功能介绍

区域	功能
菜单栏	放置所有功能和命令
工具栏	放置快捷菜单并可通过菜单栏的"View"→"Toolbars"命令进行选择
查看栏	可查看文件以及调试时的对象及变量
输出栏	可查看程序的输出信息并可作为 Shell 终端输入 Python 语句
状态栏	用于显示当前文件权限、编码、光标位置和系统内存等信息
工作区	编写代码的区域

菜单栏的常用命令及其说明如表 1-4 所示。

表 1-4　菜单栏的常用命令及其说明

命令	说明
File	文件的新建、打开、保存、关闭操作
Edit	文件内容的编辑,如撤销、重复、复制、剪切等操作
Run	运行,可选择分块运行或整个文件的运行
Consoles	可打开新的输出栏
Tools→Preferences→IPython console	"Display"选项卡用于调整字号和背景颜色;在"Graphic"选项卡中选中"Automatical load Pylab and NumPy modules"复选框后可在 IPython 界面直接编写 plot()作图;在"Startup"选项卡中可设置启动执行的脚本,写入要导入的程序包
Tools→Preferences→Editor	"Display"选项卡主要用于设置背景、行号、高亮等;"Code Analysis"选项卡可用于设置代码提示

1.3　自然语言与大语言模型

　　大语言模型是近年来人工智能领域的一项重要成就,它利用深度学习技术训练而成,能够理解和生成自然语言文本。随着大语言模型的不断发展和应用,为人们提供了更加智能和高效的自然语言处理解决方案,为人机交互和信息处理带来了全新的可能性。大语言模型在文本生成、对话系统、语言理解等方面展现出了惊人的能力,也为自然语言处理领域带来了新的发展机遇。本节将简要介绍大语言模型。

　　大语言模型是指具有大量参数和巨大词汇表的自然语言处理模型。这些模型通过在大规模的文本数据集上进行训练,能够理解和生成自然语言。

　　相对于传统机器学习模型,大语言模型有以下六个主要特点。

（1）丰富的世界知识。大语言模型通过超大规模文本数据的预训练，学习了广泛的世界知识。这使得大语言模型相较于传统机器学习模型在理解和应用复杂知识方面更为出色。早期的预训练模型（如 BERT、GPT-1 等）因数据和参数规模较小，无法充分掌握大量的世界知识，因此需要依赖微调来适应具体任务。

（2）通用任务解决能力。大语言模型通过预测下一个词元的预训练任务，展现出强大的通用任务解决能力。这种学习方法类似于多任务学习，能够涵盖情感分类、数值计算、知识推理等多种任务，超越了传统模型的表现。在自然语言处理等领域，大语言模型正在逐步替代早期针对特定任务的解决方案。

（3）复杂任务推理能力。在解决复杂推理任务和数学题目时，大语言模型表现出优异的推理能力。尽管有观点认为这些模型仅仅是在"记忆"数据模式，但在许多复杂应用场景中（如 GPT-4 的测试），其出色的推理能力难以用仅凭借记忆来解释。

（4）人类指令遵循能力。大语言模型通过预训练和微调，建立了基于自然语言的任务解决模式，能够高效遵循人类指令。这种能力大幅提升了人机交互的自然性和通用性，对智能音箱、信息助手等人机交互应用有重要意义。

（5）人类对齐能力。大语言模型的强大性能引发了人们对其安全性的担忧。因此，通过基于人类反馈的强化学习等对齐技术，大语言模型能够更好地遵循人类期望的行为规范，减少错误行为的发生。

（6）工具使用能力。尽管大语言模型在某些领域仍有局限性，如时间敏感问题和数值计算，但其通用任务解决能力允许模型通过微调或上下文学习掌握外部工具的使用，如搜索引擎和计算器。先进的大语言模型已展示了使用多种工具的能力，极大提升了解决任务的效率和效果。

表 1-5 列出了大语言模型的 8 个常见应用场景。

表1-5　大语言模型的 8 个常见应用场景

应用场景	描述
文本生成	大语言模型有强大的上下文理解能力、多样性、创造性、自然性和流畅度，以及对不同风格和主题的适应能力。因此，大语言模型可以用于自动撰写文章、生成摘要、续写故事等
机器翻译	在多语言翻译任务中，大语言模型能够提供更流畅、更自然的翻译结果
智能问答	在智能问答系统中，大语言模型能够理解和回答用户的自然语言问题
对话系统	在聊天机器人和虚拟助手中，大语言模型能够进行更自然、更复杂的对话
文本摘要	大语言模型可以更广泛地理解上下文，可以从长篇文章中提取关键信息，从而生成多样化的摘要
情感分析	大语言模型可以分析文本中的情感倾向，帮助企业理解客户反馈或社交媒体上的公众情绪。大语言模型通过大规模数据的训练，可以更好地捕捉语言使用的模式和规律，从而提高情感分析的准确性
语言理解任务	如命名实体识别、关系抽取等，大语言模型在这些任务上通常能够取得较好的性能
代码生成	在编程领域，大语言模型可以辅助开发者生成代码片段

本章小结

本章主要介绍与自然语言处理相关的基础知识和基本概念。内容涵盖自然语言处理的基本概念和流程、开发环境及常用的自然语言处理库。此外,还介绍了大语言模型。

课后习题

(1)下列不属于自然语言处理研究领域的是(　　　)。

  A. 文本分类   B. 智能问答

  C. 模型评估   D. 机器翻译

(2)下列不属于自然语言处理基本流程的是(　　　)。

  A. 语料获取   B. 模型构建

  C. 语料预处理   D. 模型比较

(3)下列不属于使用 Python 进行自然语言处理应用开发的优势的是(　　　)。

  A. 可扩展性   B. 不易学习

  C. 跨平台支持   D. 大量的开源库

(4)下列不属于 Anaconda 应用的是(　　　)。

  A. Anaconda Navigator   B. Jupyter Notebook

  C. Python   D. Spyder

(5)下列不属于大语言模型应用场景的是(　　　)。

  A. 代码生成   B. 语音生成

  C. 情感分析   D. 对话系统

第 2 章 文本基础处理

自然语言处理是计算机科学与人工智能的一个重要分支,旨在使机器能够理解和处理人类语言。在自然语言处理中,文本基础处理是一系列预处理步骤,用于清洗、规范和准备文本数据,以便后续的任务和分析。自 20 世纪 80 年代以来,随着计算机应用技术的不断发展,世界上的主要语言都建立了许多不同规模、不同类型的语料库。词是中文自然语言理解中能独立运用的最小语言单位。中文的词与词之间没有明确的分隔标志,因而在分词技术领域里,中文分词的实现要比英文困难。命名实体识别是信息抽取、信息检索、机器翻译、问答系统等自然语言处理应用的重要组成部分,常常需要从海量的文档中提取关键词,这些词能在一定程度上体现文档的核心内容,从而帮助用户寻找到所需的内容。本章主要介绍文本基础处理中的文本数据源、语料库、中文分词、词性标注与命名实体识别,以及关键词提取。

学习目标

(1) 了解常用的文本数据源。
(2) 了解语料库的基本概念、类型、用途和构建。
(3) 掌握中文分词的常见方法。
(4) 掌握中文分词工具 jieba 库的使用方法。
(5) 了解词性标注和命名实体识别的基本概念。
(6) 熟悉 jieba 库的词性标注和命名实体识别的实现流程。

（7）了解关键词提取的基本概念。
（8）掌握关键词提取的算法。

2.1 文本数据源

文本数据源在各个领域起着至关重要的作用，提供了丰富的信息和知识，是自然语言处理和机器学习中重要的训练和测试数据来源。通过这些数据源，可以训练模型来执行文本分类、情感分析、机器翻译等任务，同时也为决策和创新提供了有价值的信息和见解。文本数据源在文本分析和处理中扮演着关键的角色，提供了获取、存储、分析文本数据等基础功能。

随着信息技术的迅猛发展，越来越多的文本数据被收集和存储，为各种应用提供了丰富的语言资源。常用的文本数据源包括网络文本、学术文献、企业数据等，如表2-1所示。

表2-1 常用的文本数据源

文本数据源	简介
网络文本	互联网上的各种文本资源，如网页、博客、新闻文章等。这些数据源可以用于社交媒体挖掘、信息检索等
学术文献	已发布的各类学术文献，包括学术期刊、会议论文、学位论文等。学术文献是研究领域的重要数据源，可以用于文献综述、学术研究、科学发现等
企业数据	企业内部的各种文本数据，如公司内部文件、报告、邮件、客户反馈等。这些数据可以用于业务分析、市场调研、客户关系管理等
政府数据	政府发布的各种文本数据，如政策文件、统计数据、报告等。政府数据可以用于政策研究、公共管理、社会分析等
社交媒体数据	用户发布在社交媒体上的各类文本数据，包括微博、微信、陌陌等社交媒体平台上的文本数据，如用户发布的帖子、评论。这些数据可以用于社交网络分析、用户行为分析等
自然语言处理数据集	为了促进自然语言处理算法的研究和评估，研究人员构建了各种文本数据集，如问答数据集、情感分析数据集、机器翻译数据集等

这些文本数据源在研究、商业、社交媒体分析、政府和公共服务等领域起着重要的作用。研究人员和企业可以利用这些数据源进行信息抽取、情感分析、主题建模、预测分析等。

2.2 语料库

文本数据源和语料库都是与文本数据相关的概念，文本数据源是原始的、未经处理的文本集合，而语料库是经过预处理和整理的、用于特定目的的文本集合。

语料库是指经过科学取样和加工的大规模电子文本库，是为某一个或多个应用而专门收集的、有一定结构的、有代表性的、可以被计算机程序检索的、具有一定规模的语料集合。

语料库有以下三个基本特征。

（1）语料库中存放的是真实出现过的语言材料。

（2）语料库是以计算机为载体、承载语言知识的基础资源。

（3）语料库是对真实语料进行加工、分析和处理的资源。

语料库不仅仅是原始语料的集合，而且是有结构且标注了语法、语义、语音、语用等语言信息的语料集合。

2.2.1 语料库的类型

将语料库按照结构进行划分，可分为平衡结构语料库与自然随机结构语料库；按照用途进行划分，可分为通用语料库与专用语料库；按照语料选取时间进行划分，可分为共时语料库与历时语料库。下面分别介绍这六种语料库。

1. 平衡结构语料库与自然随机结构语料库

平衡结构语料库的着重点是语料的代表性和平衡性，需要预先设定语料的类型和比例并按这种比例去采集语料。例如，历史上第一个机读语料库——布朗语料库就是平衡结构语料库的典型代表，它的语料按三层分类，严格设计了每一类语料所占的比例。自然随机结构语料库则按照某个原则随机去收集语料。

2. 通用语料库与专用语料库

通用语料库的语料采集范围不做特殊限定。而只采集某一特定领域、特定地区、特定时间、特定类型的语料所构成的语料库即为专用语料库，如新闻语料库、科技语料库、中小学语料库、北京口语语料库等。通用领域与专用领域只是相对的概念。

3. 共时语料库与历时语料库

共时语料库是为了对语言进行共时研究而建立的语料库，例如，中文地区汉语共时语料库采用共时性视窗模式，剖析来自中文地区有代表性的定量中文媒体语料，是一个典型的共时语料库。所谓共时研究，即无论所采集语料的时间段有多长，只要研究的是一个时间平面上的元素或元素关系，就是共时研究。历时语料库是为了对语言进行历时研究而建立的语料库，即研究一个历时切面中元素与元素关系的演化。根据历时语料库得到的统计结果是在时间轴上等距离抽样得到的若干频次变化形成的走势图。

2.2.2 语料库的用途

语料库的产生起源于语言研究,随着语料库功能的增强,它的用途变得越来越广泛。语料库的用途主要有以下四方面。

1. 用于语言研究

语料库为语言研究提供了丰富的真实语言数据,用于分析语言结构、语义关系、语言规律等。通过语料库,研究人员可以进行词汇统计、句法分析、语义角色标注等研究工作,从中挖掘出语言的规律和特点。

2. 用于编纂工具参考书籍

语料库为编纂工具参考书籍提供了准确可靠的语言数据。例如,词典编纂者可以通过语料库来验证词语的用法、搭配和语义信息,确保编纂的词典具有真实的语言基础。翻译工具的开发也可以从语料库中提取翻译记忆和短语对齐等信息,提高翻译的质量和效率。

3. 用于语言教学

语料库对语言教学有重要的影响。教师可以从语料库中搜索和选取真实语言材料,用于教材编写和课堂实践。学习者可以通过接触真实语料库,了解语言的应用环境、上下文用法和典型表达,提高语言理解和实际运用的能力。

4. 用于自然语言处理

语料库是训练和评估自然语言处理模型的重要资源。通过对大规模语料库的学习,可以训练出语言模型、词向量模型、语法和语义模型等,用于自然语言的理解和生成。同时,语料库也可以用于训练序列标注模型、机器翻译模型、问答系统等自然语言处理的应用模型,提高它们的性能和准确率。

2.2.3 语料库的构建与获取

构建和获取语料库是利用文本数据源来建立可用于研究和应用的语言资源的重要步骤,语料库的构建包括数据采集、清洗和预处理、标注和注释等过程。通过这些步骤,可以得到具有一定可用性的语料库。下面将介绍语料库的构建原则、构建步骤、获取和分析等,以帮助理解语料库的构建与获取。

1. 语料库的构建原则

在构建或研究语料库时,一般需要遵循以下四个原则。

1）代表性

在一定的抽样框架范围内采集的样本要尽可能多地反映真实语言现象和特征。

2）结构性

采集的语料必须是计算机可读的电子文本形式。语料集合结构包括语料库中语料记录的代码、元数据项、数据类型、数据宽度、取值范围、完整性约束等。

3）规模性

大规模的语料库对于语言研究，特别是自然语言处理研究具有不可替代的作用。但随着语料库的增大，"垃圾"语料带来的统计噪声问题也越来越严重。而且当语料库达到一定的规模后，语料库的功能并不能随之增强。因此在使用时，应根据实际需要决定语料库的规模。

4）平衡性

平衡性是指语料库中的语料要考虑不同内容或指标的平衡性，如学科、年代、文体、地域、用途（公函、私信、广告），以及使用者的年龄、性别、文化背景、阅历等指标。一般建立语料库时，需要根据实际情况选取其中的一个或几个重要的指标作为平衡因子。

2. 语料库的构建步骤

构建语料库的一般步骤如下。

1）数据采集

在构建语料库之前，需要采集相关的文本数据。可以通过利用"爬虫"程序从互联网上抓取网页数据、利用 API 获取特定领域的数据、使用公开可用的数据集等方式采集文本数据作为语料库的数据。

2）数据清洗和预处理

采集到的文本数据通常需要进行清洗和预处理，以去除无用的信息、噪声和非文本内容，包括去除 HTML 标签、处理特殊字符、进行文本归一化等操作。

3）标注和注释

标注和注释是给文本数据添加额外的信息，如词性标注、命名实体标注、情感标注等。这些标注和注释的目的是提供更多的语义和语法信息，以便后续的自然语言处理任务能够更准确地进行。

3. 语料库的获取

目前除了自行构建语料库，也可以通过一些手段获取现成的语料库。常用的语料库获取途径有网络抓取、开放数据集、数据库访问、问卷调查、文本挖掘工具和 API 等。NTLK 是获取语料库的一个常用工具，NLTK 中集成了多个文本语料库，包含古腾堡项目（数字图书馆）电子文本档案的部分文本、网络和聊天文本、标注文本语料库等。NLTK 中定义了许多基本语料库函数或方法，如表 2-2 所示，可以通过调用函数或方法获取文本文件。

表 2-2　NLTK 中的基本语料库函数或方法

函数或方法	说明
fileids()	返回语料库中的文件
categories()	列出语料库包含的类别
categories([fileids])	根据文件返回语料库的类别
raw()	显示语料库的原始内容
raw([fileids=[f1,f2,f3])	显示指定文件的原始内容
raw(categories=[c1,c2])	显示指定类别的原始内容
words()	显示整个语料库中的单词
words(fileids=[f1,f2,f3])	显示指定文件包含的单词
words(categories=[c1,c2])	显示指定类别包含的单词
sents()	显示整个语料库包含的句子
sents(fileids=[f1,f2,f3])	显示指定文件包含的句子
sents(categories=[c1,c2])	显示指定类别包含的句子
abspath(fileid)	显示指定文件的存储路径
encoding(fileid)	显示文件编码
open(fileid)	建立读取语料库文件的字符流
root()	显示本地安装的语料库的根目录
readme()	显示语料库的 README 文件的内容

NLTK 包含网络语料库的文本文件，获取这些文本文件需要先加载 NLTK，然后调用 fileids()方法，如代码 2-1 所示。

代码 2-1　获取网络语料库的所有文本文件

```
import nltk
nltk.corpus.webtext.fileids()   # 获取网络语料库的所有文本文件
```

代码 2-1 的运行结果如下。

```
['firefox.txt',
 'grail.txt',
 'overheard.txt',
 'pirates.txt',
 'singles.txt',
 'wine.txt']
```

输出结果展示的是 NLTK 包含的所有网络语料库的文本文件。

4. 语料库的分析

获取语料库后需进行分析,下面将读取网络文本语料库,然后通过统计词数、索引文本、获取网络语料库中文本文件的统计信息等进行语料库的分析。根据已经获取的语料库打开 NLTK 网络语料库中的"firefox.txt"文本文件进行分析。

(1)查找"firefox.txt"文本文件并统计词数,如代码 2-2 所示。

代码 2-2　查找文本文件并统计词数

```
word=nltk.corpus.webtext.words('firefox.txt') # 打开网络语料库的 "firefox.txt"
文本文件
print(word)
len(word)    # 统计词数
```

代码 2-2 的运行结果如下。

```
['Cookie', 'Manager', ':', '"', 'Don', "'", 't', ...]
102457
```

输出结果展示的是网络语料库中"firefox.txt"文本文件的所有内容,其总词数为 102457 个。

(2)在文本文件中索引指定文本"opposite",如代码 2-3 所示。

代码 2-3　索引文本

```
index = nltk.Text(nltk.corpus.webtext.words('firefox.txt'))
index.concordance('opposite')
```

代码 2-3 的运行结果如下。

```
Displaying 2 of 2 matches:
and then scrolling the wheel in an opposite direction does not cancel original
- wheel magnification direction is opposite of normal convention Menu bars on
```

输出结果展示了全文所有出现 opposite 的位置及其上下文。

(3)获取文本文件的原始内容、词、句子,并获取统计信息,如代码 2-4 所示。

代码 2-4　获取文本文件的原始内容、词、句子及其统计信息

```
from nltk.corpus import webtext # 加载网络语料库
for fileid in webtext.fileids():
    raw = webtext.raw(fileid) # 获取原始内容
    num_chars = len(raw) # 文本长度
    words = webtext.words(fileid) # 获取词
    num_words = len(words) # 词数量
    sents = webtext.sents(fileid) # 获取句子
    num_sents = len(sents) # 句子数量
    print('%d %d %d %s' % (num_chars, num_words, num_sents, fileid))
```

代码 2-4 的运行结果如下。

```
564601 102457 1142 firefox.txt
65003 16967 1881 grail.txt
```

```
830118 218413 17936 overheard.txt
95368  22679  1469  pirates.txt
21302  4867   316   singles.txt
149772 31350  2984  wine.txt
```

输出结果展示了网络语料库中所有文本文件的文本长度、词数量和句子数量。

2.3 中文分词

中文分词是将汉字序列按照一定规范逐个切分为词序列的过程。在英文中，单词之间以空格为自然分隔符，分词自然地以空格为分隔符进行切分，而中文分词则需要依靠一定技术和方法寻找与英文中空格作用类似的分隔符，将文本（句子）切分为多个字符串（字、词）。

2.3.1 常用中文分词方法

1. 基于规则的分词方法

基于规则的分词方法的主要思想是按照一定的策略将待分析的字符串与一个"充分大的"词典中的字符串进行匹配。若在词典中找到某个对应的字符串，则匹配成功。该方法有三个要素，即分词词典、文本扫描顺序和匹配原则。常用的基于规则的分词方法有以下四种。

1）正向最大匹配法

正向最大匹配法的流程图如图 2-1 所示。假设有一个待分词文本和一个分词词典，词典中最长的字符串长度为 L，从左至右切分待分词文本的前 L 个字符，得到一个字符串，然后在词典中查找是否有相同的字符串。若匹配失败，则删去该字符串最后一个字符，仅留下前 $L-1$ 个字符，继续匹配该字符串，以此类推。若匹配成功，则将切分后的第二个文本作为新的待分词文本，重复以上操作直至匹配完毕。如果一个字符串全部匹配失败，那么逐次删去第一个字符，并重复上述操作。

例如，假设待分词文本为"高速铁路网覆盖全国"，词典为"{"高速铁路","网","高速","铁路网","覆盖","全国"}"。可知词典中最长的字符串长度为 4，具体分词步骤如下。

（1）切分待分词文本"高速铁路网覆盖全国"前 4 个字符，得到"高速铁路"，在词典中寻找与之匹配的字符串，匹配成功，将文本划分为"高速铁路""网覆盖全国"。

（2）切分分词后的第二个文本"网覆盖全国"前 4 个字符，得到"网覆盖全"，在词典中寻找与之匹配的字符串，匹配失败；删去"网覆盖全"的最后一个字符，得到"网覆盖"，匹配失败；逐次删去字符串的最后一个字符至仅剩余"网"，匹配成功，将文本划分为"高速铁路""网""覆盖全国"。

（3）将切分分词后的第三个文本"覆盖全国"作为待分词文本，在词典中寻找与之匹配的字符串，匹配失败；逐次删去字符串的最后一个字符至仅剩余"覆盖"，匹配成功，将文本划分为"高速铁路""网""覆盖""全国"。

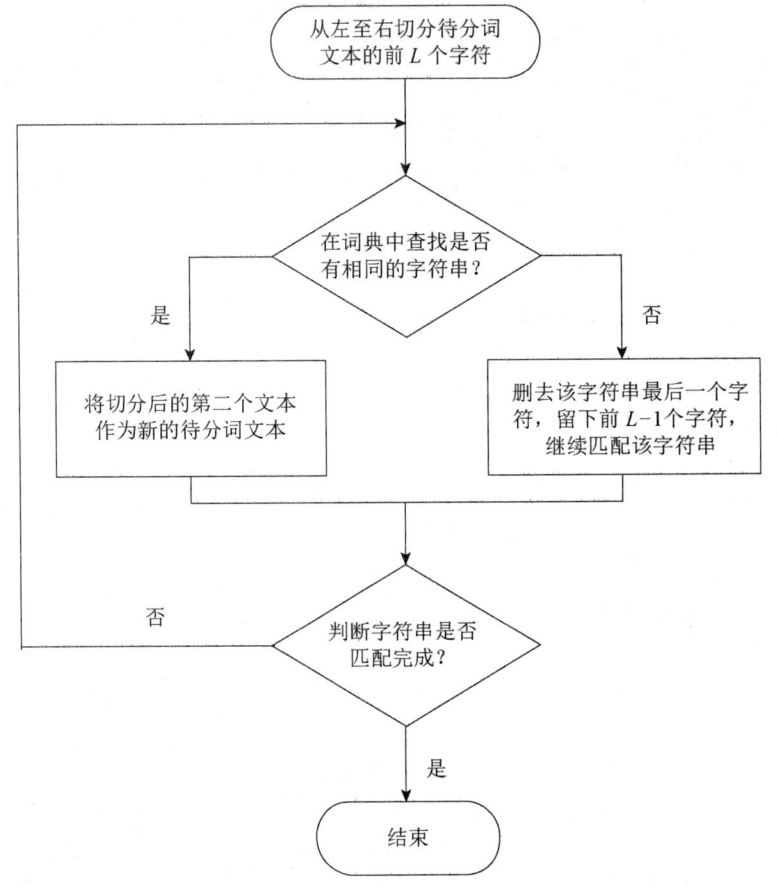

图 2-1　正向最大匹配法的流程图

综上所述，用正向最大匹配法分词，得到的结果是"高速铁路""网""覆盖""全国"。

2）逆向最大匹配法

逆向最大匹配法与正向最大匹配法原理相似，其流程图如图 2-2 所示。逆向最大匹配法从右至左匹配待分词文本的后 L 个字符，得到一个字符串，然后在词典中查找是否有相同的字符串。若匹配失败，仅留待分词文本的后 $L-1$ 个字符，继续匹配该字符串，以此类推。若匹配成功，则将切分后的第一个文本作为新的待分词文本，重复以上操作直至匹配完毕。如果一个字符串全部匹配失败，那么逐次删去最后一个字符，并重复上述操作。

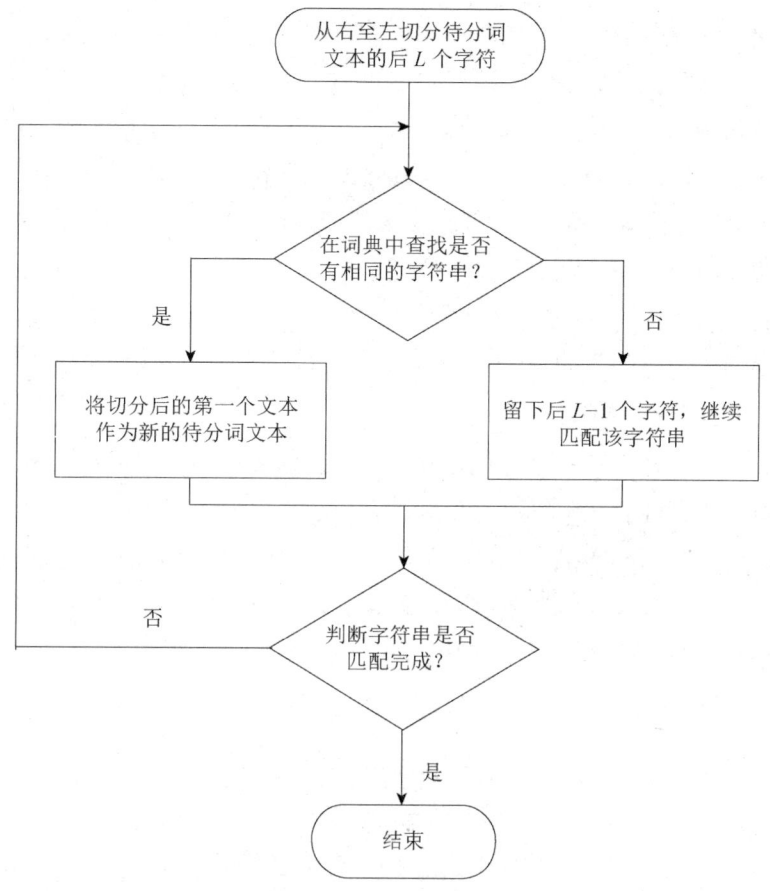

图 2-2 逆向最大匹配法的流程图

以待分词文本"高速铁路网覆盖全国"为例,用逆向最大匹配法分词,具体分词步骤如下。

(1)切分待分词文本"高速铁路网覆盖全国"后 4 个字符,得到"覆盖全国",在词典中寻找与之匹配的字符串,匹配失败;逐次删去"覆盖全国"的第一个字符至仅剩余"全国",匹配成功,将文本划分为"高速铁路网覆盖""全国"。

(2)切分分词后的第一个文本"高速铁路网覆盖"后 4 个字符,得到"路网覆盖",在词典中寻找与之匹配的字符串,匹配失败;逐次删去"路网覆盖"的第一个字符至仅剩余"覆盖",匹配成功,将文本划分为"高速铁路网""覆盖""全国"。

(3)切分分词后的第一个文本"高速铁路网"后 4 个字符,得到"速铁路网",在词典中寻找与之匹配的字符串,匹配失败;删去"速铁路网"的第一个字符得到"铁路网",匹配成功,将文本划分为"高速""铁路网""覆盖""全国"。

综上所述,用逆向最大匹配法分词,得到的结果是"高速""铁路网""覆盖""全国"。

3)双向最大匹配法

双向最大匹配法是一种结合了正向最大匹配法和逆向最大匹配法的分词方法。双向最大匹配法的基本思想是,将正向最大匹配法和逆向最大匹配法的结果进行对比,选取切分次数较少的作为切分结果。当切分次数相同时,选取切分结果中存在单字数较少的作为切分结果。

用正向最大匹配法和逆向最大匹配法对"高速铁路网覆盖全国"进行分词,结果分别为"高速铁路""网""覆盖""全国"和"高速""铁路网""覆盖""全国"。单字数较少的结果为"高速""铁路网""覆盖""全国"。研究表明,约90%的文本使用正向最大匹配法和逆向最大匹配法得到的分词结果完全重合且正确,约9%的文本使用两种方法得到的分词结果不一样,但至少有一个是正确的,剩下约1%的文本使用两种方法得到的结果都是错误的。因此,双向最大匹配法在中文分词领域中得到了广泛运用。

4)最少切分法

最少切分法通过遍历待分词文本,对文本进行逐字扫描,并根据预先设定的词典和分词规则,寻找最大匹配字符串来进行分词。

假设有一个待分词文本和一个分词词典,从待分词文本的首字符开始遍历,以当前位置为起点,向后查找所有可能的字符串,并将找到的字符串与词典进行匹配。若找到匹配的字符串,则将其作为一个分词结果,并将位置指针向后移动到文本末尾。若未找到匹配的字符串,则将当前位置的字符作为一个单字分词结果,并将位置指针向后移动一位。重复以上操作直到遍历完整个待分词文本。最少切分法的流程图如图2-3所示。

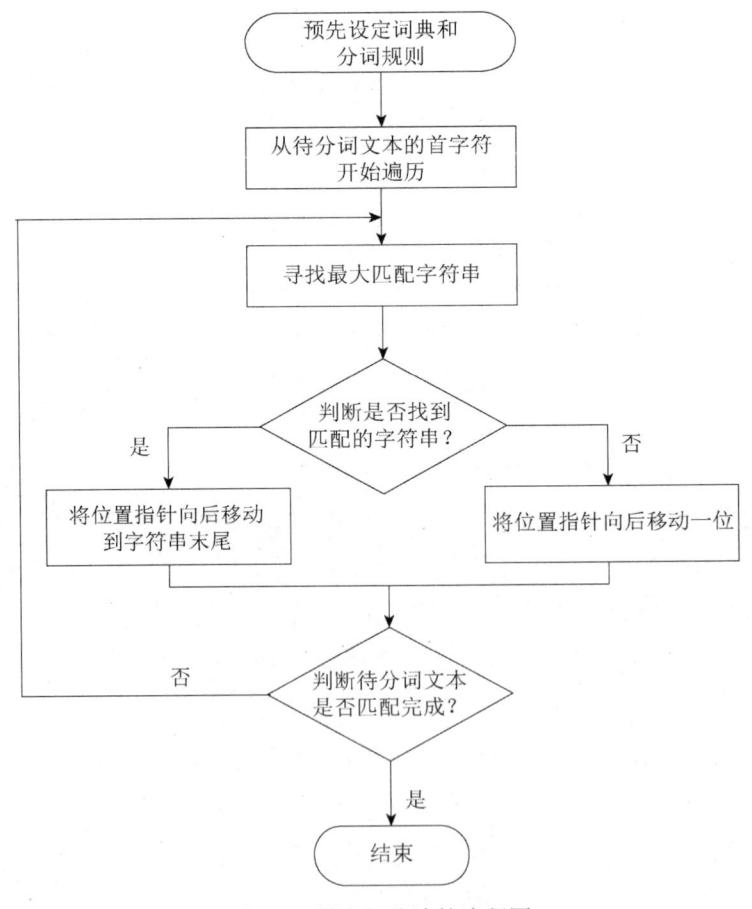

图2-3 最少切分法的流程图

以待分词文本"高速铁路网覆盖全国"为例，使用最少切分法分词，具体分词步骤如下。

（1）从待分词文本的首字符开始遍历，第一个字符是"高"。根据词典，找到"高速"作为一个匹配字符串，将"高速"作为一个分词结果，并将位置指针移动到"速"的下一个位置。

（2）重复步骤（1），找到"铁路网"作为一个匹配字符串，将"铁路网"作为一个分词结果，并将位置指针移动到"网"的下一个位置。

（3）继续遍历，找到"覆盖"作为一个匹配字符串，将"覆盖"作为一个分词结果，并将位置指针移动到"盖"的下一个位置。

（4）继续遍历，找到"全国"作为一个匹配字符串，将"全国"作为一个分词结果，并将位置指针移动到文本末尾。遍历完整个待分词文本后，输出分词结果为"高速""铁路网""覆盖""全国"。

2. 基于统计的分词方法

基于统计的分词方法是自然语言处理中常用的分词方法之一，它通过对大规模文本语料进行统计分析来确定字符串的边界位置。常用的基于统计的分词方法包括隐马尔可夫模型、条件随机场和基于词频统计的方法。

1）隐马尔可夫模型

隐马尔可夫模型是一种概率模型，用于解决序列预测问题，可以对序列数据中的上下文信息进行建模。隐马尔可夫模型用于描述含有隐含未知参数的马尔可夫过程。在隐马尔可夫模型中，有两种类型的节点，分别为观测序列与状态序列。状态序列是不可见的，其值需要从观测序列中推断得到。很多现实问题可以抽象为此类问题，如语音识别、自然语言处理中的分词、词性标注、计算机视觉中的动作识别等。

中文分词问题可以看作中文的标注问题。标注是指给定观测序列，预测其对应的状态序列。假设标注的数据是由隐马尔可夫模型生成的，可利用隐马尔可夫模型的学习与预测算法进行标注。

下面以中文分词问题为例，介绍隐马尔可夫模型如何用于中文标注。对于文本"科技是第一生产力"，观测序列为"科技是第一生产力"，每个字符为每个时刻的观测值。状态序列为标注的结果，每个时刻的状态值有 4 种情况{B,M,E,S}，其中 B 代表起始位置的字符，M 代表中间位置的字符，E 代表末尾位置的字符，S 代表能够单独成词的字符。对待分词文本进行序列标注，如果得到状态序列 Q 为{B,E,S,B,E,B,M,E}，则有"科/B 技/E 是/S 第/B 一/E 生/B 产/M 力/E"。得到这个标注结果后，即可得到分词结果，文本"科技是第一生产力"的分词结果为"科技/是/第一/生产力"，分词过程如图 2-4 所示。

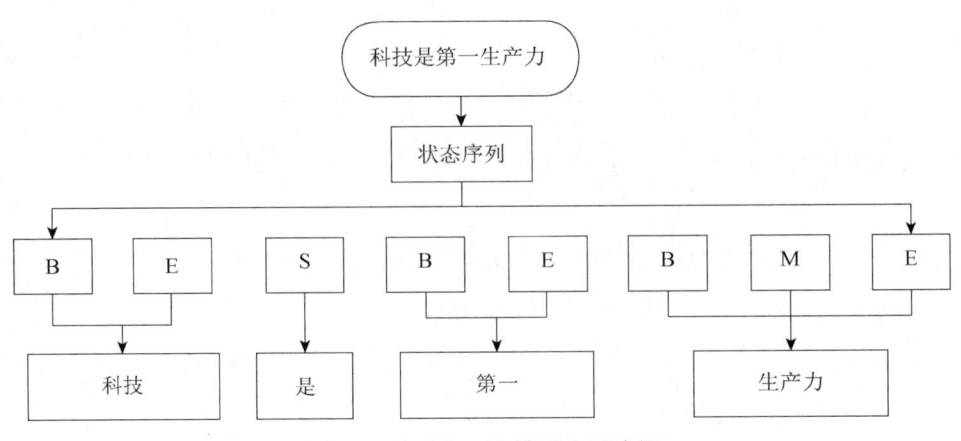

图 2-4　隐马尔可夫模型分词过程

2）条件随机场

在自然语言处理中，条件随机场常用于词性标注、命名实体识别、句法分析等任务。

条件随机场基于概率图模型，能够建模输入序列和输出标签之间的条件概率关系。具体而言，条件随机场将每个输入序列和相应的输出标签作为一个联合随机变量，通过最大化条件概率来找到最优的输出序列。

条件随机场的特点是能够考虑上下文信息和标签之间的依赖关系。它通过定义特征函数来描述输入序列和输出标签之间的关系，利用这些特征函数进行条件概率的建模和预测。在训练过程中，条件随机场会学习特征函数的权重，以最大化训练数据的似然函数。由于条件随机场模型通过考虑序列中的上下文信息，可以解决一词多义、歧义消解等问题。

例如，给定文本"弘扬中华民族优秀传统文化"，通过预训练的条件随机场模型，对每个字符进行标注，与隐马尔可夫模型类似，B 表示词语的开头，I 表示词语的中间，E 表示词语的结尾，S 表示单独成词。标注结果为"BEBIIEBEBIIE"，根据标注结果，得到分词结果为"弘扬""中华民族""优秀""传统文化"，分词过程如图 2-5 所示。

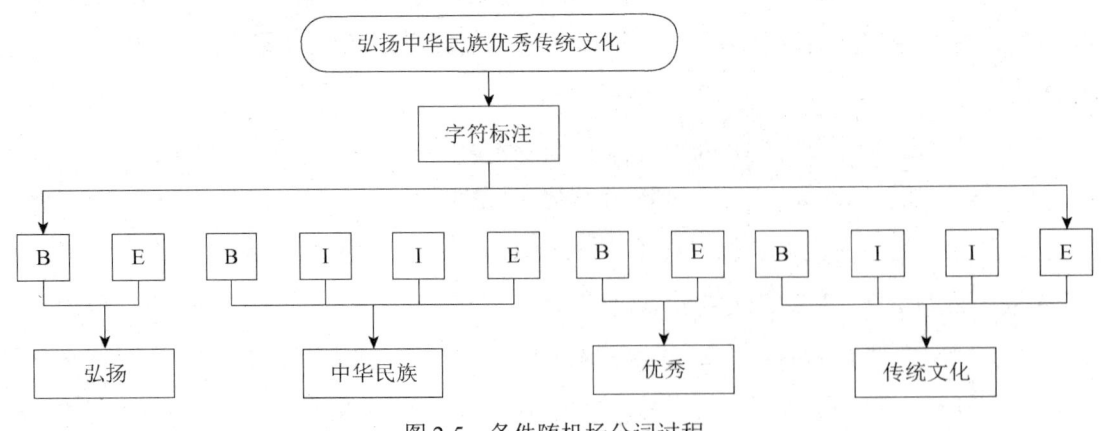

图 2-5　条件随机场分词过程

3）基于词频统计的方法

基于词频统计的方法是一种简单直接的方法，它根据词频统计的结果进行文本分析和处理。基于词频统计的方法可以通过统计每个字符串在文本中出现的频率，来进行关键词提取、文本分类等任务。通过统计字符串在语料中的出现频次，可以确定一些常见字符串的边界位置。

基于词频统计的方法不考虑上下文信息和标签之间的关系，相对简单快速，但是它可能忽略了字符串之间的依赖关系和语义信息。

例如，给定文本"弘扬中华民族优秀传统文化"，根据已经建立的词库或语料库，统计每个字符串在语料库中的出现频率。通过遍历句子，根据词频进行分词判断，"弘"出现频率较低，判断和下一个字符"扬"可能组成一个字符串；"中"出现频率高，可以单独成词；"华"出现频率较低，判断和下一个字符"民"可能组成一个字符串；"民"和"族"连在一起后，判断和下一个字符"优"可能组成一个字符串；"秀"和"传"连在一起后，判断和下一个字符"统"可能组成一个字符串；"文"出现频率高，可以单独成词；"化"和结束符号组成一个字符串。经过词频统计的分词结果为："弘扬""中""华民族优""秀传统""文""化"。可以看出，仅根据词频统计得到的分词结果与平时的中文惯用语序不一致，这样的分词结果不合理，仅以"词频"度量字符串的重要性，构成文档的特征值序列，会导致字符串之间各自独立，无法反映序列信息。

2.3.2 基于 jieba 库的中文分词

jieba 库的中文分词功能可以用于中文文本的分词；可以用于关键词提取，从中文文本中提取出最重要、最具代表性的关键词；可以用于词性标注，标注分词结果中每个词的词性，如名词、动词、形容词等；可以用于基于 TF-IDF 的关键词提取，根据 TF-IDF 算法，从中文文本中提取出与其他文本不同但重要的关键词等（关于 TF-IDF 算法的内容详见 2.5.1 节）。

常见的基于 jieba 库的分词有以下三种模式。

（1）精确模式（默认模式）：尽量将文本切分成最精确的词语（字符串），适用于文本分析。

（2）全模式：将文本中所有可能的词语（字符串）都切分出来，可能会有冗余，适用于构建词语模型。

（3）搜索引擎模式：在精确模式的基础上，对长词再次切分，适用于搜索引擎分词。

使用 jieba 库的 cut()方法可实现精确模式和全模式的分词,其语法格式如下。

```
jieba.cut(sentence,cut_all,HMM,use_paddle)
```

使用 cut_for_search()方法可实现搜索引擎模式的分词,其语法格式如下。

```
jieba.cut_for_search(sentence,HMM)
```

cut()方法和 cut_for_search()方法的常用参数及其说明如表 2-3 所示。

表 2-3 cut()方法和 cut_for_search()方法的常用参数及其说明

参数名称	说明
sentence	接收 str。表示待分词文本。无默认值
cut_all	接收 bool。表示是否采用全模式。默认为 False
HMM	接收 bool。表示是否使用隐马尔可夫模型。默认为 True
use_paddle	接收 bool。表示是否使用 paddle 模式下的分词模式。默认为 False

代码 2-5 为三种模式下的分词代码。

代码 2-5 三种模式下的分词代码

```
import jieba
messages = jieba.cut('弘扬中华民族优秀传统文化',cut_all=False)      # 精确模式
print ('【精确模式下的分词:】'+'/ '.join(messages))
messages = jieba.cut('弘扬中华民族优秀传统文化',cut_all=True)       # 全模式
print ('【全模式下的分词:】'+'/ '.join(messages))
messages = jieba.cut_for_search('弘扬中华民族优秀传统文化')          # 搜索引擎模式
print ('【搜索引擎模式下的分词:】'+'/ '.join(messages))
```

代码 2-5 的运行结果如下。

```
【精确模式下的分词:】弘扬/ 中华民族/ 优秀/ 传统/ 文化
【全模式下的分词:】弘扬/ 扬中/ 中华/ 中华民族/ 民族/ 优秀/ 传统/ 文化
【搜索引擎模式下的分词:】弘扬/ 中华/ 民族/ 中华民族/ 优秀/ 传统/ 文化
```

常见的基于 jieba 库的分词方法及其说明如表 2-4 所示。

表 2-4 常见的基于 jieba 库的分词方法及其说明

方法	说明
jieba.cut(txt)	精确模式,返回一个可迭代的数据类型
jieba.lcut(txt)	精确模式,返回一个列表类型
jieba.cut(txt,cut_all=True)	全模式,输出文本中所有可能的词语(字符串)
jieba.lcut(txt,cut_all=True)	全模式,返回一个列表类型
jieba.cut_for_search(txt)	搜索引擎模式
jieba.lcut_for_search(txt)	搜索引擎模式,返回一个列表类型
jieba.add_word(txt)	向分词词典中增加新的字符串

2.4 词性标注与命名实体识别

词性标注与命名实体识别是自然语言处理中的关键性基础任务。词性标注是很多自然语言处理任务中的预处理步骤，经过词性标注后的文本可以给信息抽取带来很大的便利。命名实体识别通过识别和标注文本中的实体，如人名、地名、组织等，可以显著提高信息抽取的效率和准确性，为后续的文本分析和处理提供重要支持。

2.4.1 词性标注简介与规范

词性标注在自然语言处理中扮演着非常重要的角色，为后续的语言理解和语义分析提供了基础。通过准确地标注词性，可以更好地理解文本的意思和语法结构，从而更精确地进行文本处理和分析。

1. 词性标注简介

词性标注是自然语言处理中的一项关键任务，其目标是为文本中的每个词语标注一个词性。词性标注主要有基于规则和基于统计两种标注方法。基于规则的标注方法是较早的词性标注方法，这种方法需要获取能表达一定的上下文关系及其相关语境的规则库。基于统计的标注方法能够抑制小概率事件的发生，但会受到上下文的限制，有时基于规则的标注方法更容易实现。

常见的词性类别包括名词、动词、形容词、副词、介词、连词等。不同的词性类别可以反映出词语在文本中的语法作用和语义，对于词义消歧、句法分析、机器翻译等任务都具有重要意义。

2. 词性标注规范

现代汉语中的词语可分为实词和虚词，共有 12 种词性。实词有名词、动词、形容词、代词、数词、量词；特殊实词有拟声词、叹词；虚词有副词、介词、连词、助词。名词表示人和事物的名称，动词表示人和事物的动作、行为、发展、变化，形容词表示人和事物的形状、性质、状态等。通常会通过一些简单的字母编码对词性进行标注，动词、名词、形容词分别用"v""n""a"表示。目前已经有很多词性标注规范，但还没有形成统一的标准，北大词性标注规范（见表2-5）是其中使用较为广泛的规范。

表 2-5　北大词性标注规范

编码	词性名称	注释
Ag	形语素	形容词性语素。形容词编码为 a，语素编码 g 前面置以 A
a	形容词	取英语形容词（adjective）的第 1 个字母
ad	副形词	直接作状语的形容词。形容词编码 a 和副词编码 d 并在一起
an	名形词	具有名词功能的形容词。形容词编码 a 和名词编码 n 并在一起
b	区别词	取汉字"别"的声母
c	连词	取英语连词（conjunction）的第 1 个字母
Dg	副语素	副词性语素。副词编码为 d，语素编码 g 前面置以 D
d	副词	取英语副词（adverb）的第 2 个字母，因其第 1 个字母已用于形容词
e	叹词	取英语叹词（exclamation）的第 1 个字母
f	方位词	取汉字"方"的声母
g	语素	绝大多数语素都能作为合成词的"词根"，取汉字"根"的声母
h	前接成分	取英语开头（head）的第 1 个字母
i	成语	取英语成语（idiom）的第 1 个字母
j	简称略语	取汉字"简"的声母
k	后接成分	当后接成分前面为较长的短语或句子时，单独标注为"k"
l	习用语	习用语尚未成为成语，有"临时性"，取汉字"临"的声母
m	数词	取英语数词（numeral）的第 3 个字母，因其前 2 个字母 n 和 u 已有他用
Ng	名语素	名词性语素。名词编码为 n，语素编码 g 前面置以 N
n	名词	取英语名词（noun）的第 1 个字母
nr	人名	名词编码 n 和汉字"人"的声母并在一起
ns	地名	名词编码 n 和处所词编码 s 并在一起
nt	机构团体	汉字"团"的声母为 t，名词编码 n 和 t 并在一起
nz	其他专名	汉字"专"的声母的第 1 个字母为 z，名词编码 n 和 z 并在一起
o	拟声词	取英语拟声词（onomatopoeia）的第 1 个字母
p	介词	取英语介词（preposition）的第 1 个字母
q	量词	取英语量词（quantity）的第 1 个字母
r	代词	取英语代词（pronoun）的第 2 个字母，因其第 1 个字母 p 已用于介词
s	处所词	取英语地点（space）的第 1 个字母
Tg	时语素	时间词性语素。时间词编码为 t，在语素的编码 g 前面置以 T
t	时间词	取英语时间（time）的第 1 个字母
u	助词	取英语助词（auxiliary）的第 2 个字母

续表

编码	词性名称	注释
Vg	动语素	动词性语素。动词编码为 v，在语素的编码 g 前面置以 V
v	动词	取英语动词（verb）的第 1 个字母
vd	副动词	直接作状语的动词。动词编码 v 和副词编码 d 并在一起
vn	名动词	指具有名词功能的动词。动词编码 v 和名词编码 n 并在一起
w	标点符号	所有的标点符号
x	非语素字	非语素字只是一个符号，字母 x 通常用于代表未知数、符号
y	语气词	取汉字"语"的声母
z	状态词	取汉字"状"的声母的第 1 个字母

2.4.2 命名实体识别简介与常用算法

命名实体识别也称实体识别、实体分块和实体提取，是信息抽取的一个子任务。命名实体识别是自然语言处理中的热点研究方向之一，目的是识别文本中的命名实体并将其归纳到相应的实体类型中。

1. 命名实体识别简介

命名实体识别是自然语言处理中一项非常基础的任务，是信息抽取、问答系统、句法分析、机器翻译等众多自然语言处理任务的重要工具。从自然语言处理的流程来看，命名实体识别属于词法分析中未登录词识别的范畴，具有数量最多、识别难度最大、对分词效果影响最大的特点。

2. 命名实体识别常用算法

命名实体识别旨在识别文本中具有特定意义和指代特定实体的词。常用的命名实体识别算法有基于规则的方法、基于统计的方法和基于深度学习的方法。

1）基于规则的方法

基于规则的方法是一种简单而直接的方法，通过手动定义模式或规则来识别命名实体。基于规则的方法具有简单易用、可解释性强、适用范围广的优点。基于规则的命名实体识别流程如图 2-6 所示，该方法根据一些预设的匹配规则从文本中选择匹配实体，进而选择匹配特征。这些匹配规则主要基于正则表达式或词典。正则表达式由这些包含字母和符号的特定字符组成，以表达字符串或文

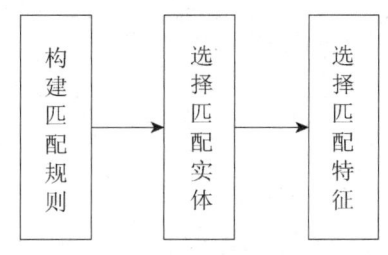

图 2-6 基于规则的命名实体识别流程

本的过滤逻辑。词典由实体集合建立，一般采用的方法是从已有的知识库、词典、语料库等数据源中构建。

2）基于统计的方法

基于统计的方法通过构建概率模型来预测文本中每个词的实体标记，将命名实体识别问题转换为序列标注问题。

经典的基于统计的机器学习模型已成功应用于命名实体识别任务中，这些模型通常使用基于特征工程的方法来提取特征，然后通过训练学习到的模型来预测命名实体。常用的机器学习方法包括隐马尔可夫模型、条件随机场模型、最大熵模型、支持向量机等。

使用基于统计的方法来识别人名时，可以根据如图 2-7 所示的流程进行训练和预测。

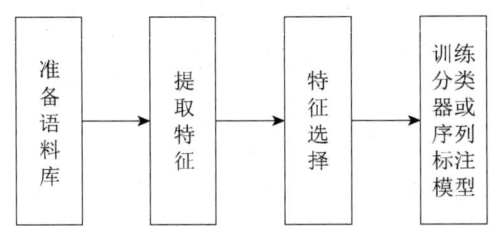

图 2-7　基于统计的命名实体识别流程

3）基于深度学习的方法

深度学习在图像识别、语音识别和自然语言处理领域得到了广泛应用。基于深度学习的方法在中文命名实体识别中具有准确性高、鲁棒性强、可解释性强以及处理效率高等优点，其通过大量的训练提取上下文信息之间的语义联系，可以解决语义多样化问题，结合分词工具、长短期神经网络等方法能够解决边界划分问题，对提高自然语言处理的水平和应用场景的广泛性具有重要的作用。基于深度学习的命名实体识别流程如图 2-8 所示。

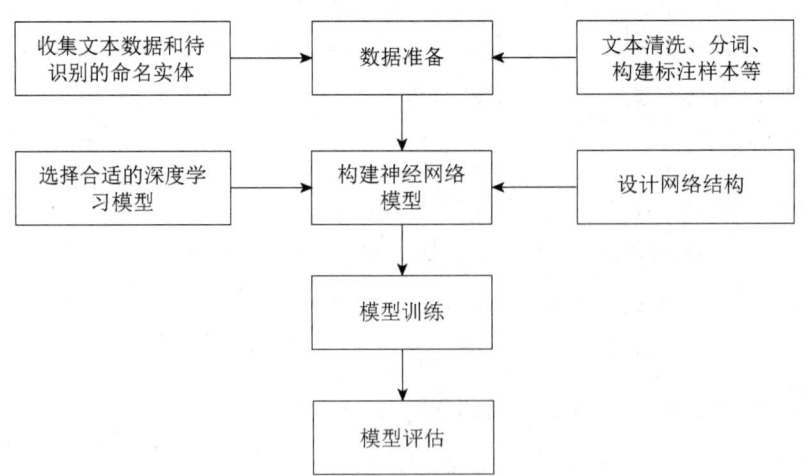

图 2-8　基于深度学习的命名实体识别流程

2.4.3 基于 jieba 库的词性标注与命名实体识别

基于 jieba 库的词性标注是基于规则的方法与基于统计的方法相结合的词性标注方法，利用词典匹配与隐马尔可夫模型共同实现，主要包括以下两个步骤。

（1）通过正则表达式判断字符是否为汉字。若是汉字，则进入步骤（2）；若不是汉字，则标注为其他类型，"m"表示数字，"eng"表示英文，"x"表示未知词性。

（2）基于前缀词典构建有向无环图，对有向无环图计算最大概率路径，同时在前缀词典中查找所分词的词性；若前缀词典中包含该词，则标注为词典中的词性；若不包含，则将其标注为未知词性；若在标注过程中标注为未知词性，并且该词为未登录词，则通过隐马尔可夫模型进行词性标注。

基于 jieba 库的词性标注的流程图如图 2-9 所示。

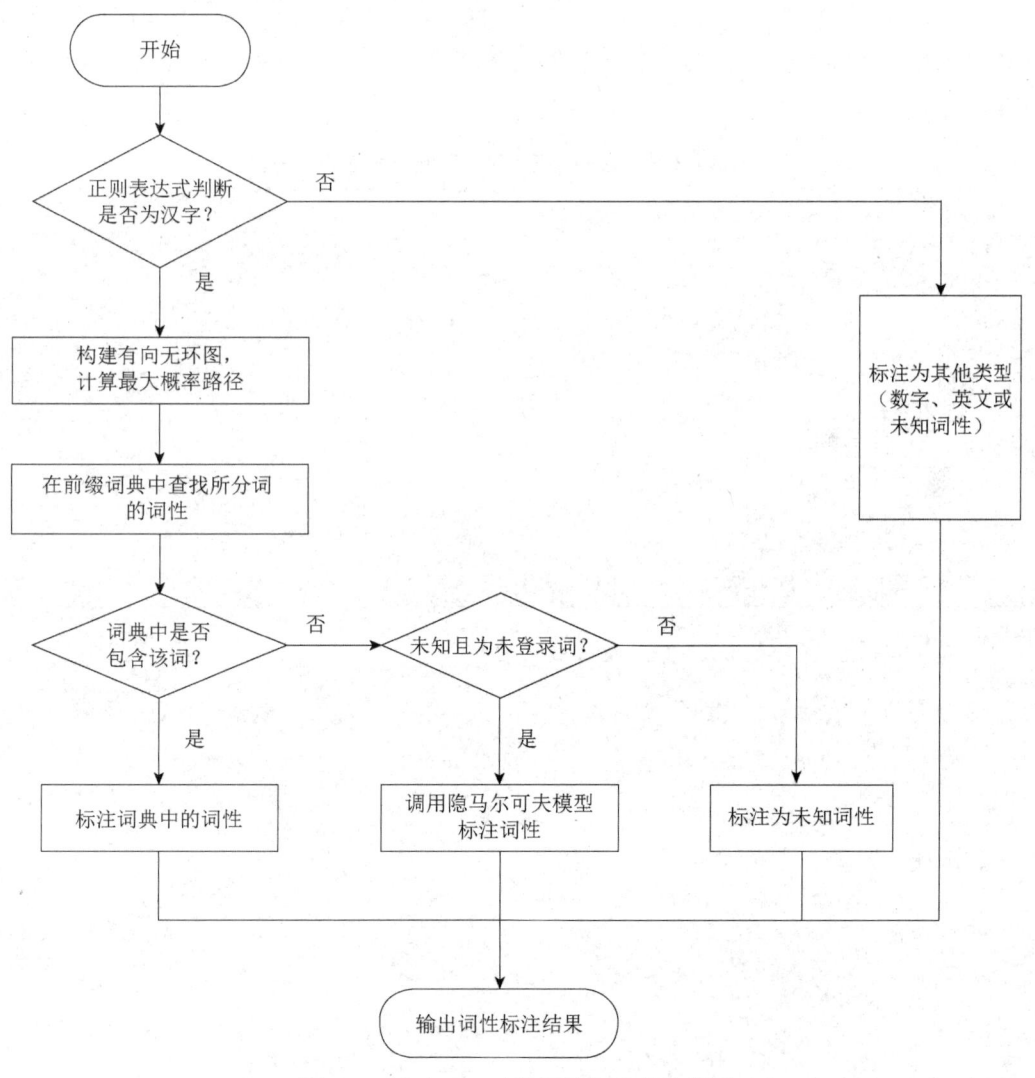

图 2-9 基于 jieba 库的词性标注的流程图

基于jieba库的词性标注可以通过调用posseg模块的lcut()方法来实现，将结果中标注为"n"（名词）、"nr"（人名）、"ns"（地名）或"nt"（机构名）的词语作为命名实体。其语法格式如下。

```
jieba.posseg.lcut(sentence, cut_all=False, HMM=True)
```

lcut()方法常用的参数及其说明如表2-6所示。

表2-6　lcut()方法常用的参数及其说明

参数名称	说明
sentence	接收str。表示待标注文本。无默认值
cut_all	接收bool。表示是否采用全模式。默认为False
HMM	接收bool。表示是否使用隐马尔可夫模型进行标注。默认为True

对"英歌舞、醒狮、赛龙舟……它们传承千百年而至今生命力旺盛。人们不仅能从中获得运动的乐趣，更能感受到优秀传统文化的无穷魅力。"进行词性标注和命名实体识别，如代码2-6所示。

代码2-6　词性标注与命名实体识别示例

```python
import jieba.posseg as pseg
text = "英歌舞、醒狮、赛龙舟……它们传承千百年而至今生命力旺盛。人们不仅能从中获得运动的乐趣，更能感受到优秀传统文化的无穷魅力。"
# 词性标注
words_with_pos = pseg.lcut(text)
# 命名实体识别
entities=[]
for word, pos in words_with_pos:
    if pos.startswith("n") or pos == "nr" or pos == "ns" or pos == "nt":
        entities.append(word)
print("【词性标注结果：】\n", words_with_pos)
print("【命名实体识别：】\n", entities)
```

代码2-6的运行结果如下。

```
【词性标注结果：】
 [pair('英', 'j'), pair('歌舞', 'n'), pair('、', 'x'), pair('醒狮', 'v'), pair('、', 'x'), pair('赛龙舟', 'nz'), pair('…', 'x'), pair('…', 'x'), pair('它们', 'r'), pair('传承', 'v'), pair('千百年', 'm'), pair('而', 'c'), pair('至今', 'd'), pair('生命力', 'n'), pair('旺盛', 'a'), pair('。', 'x'), pair('人们', 'n'), pair('不仅', 'c'), pair('能', 'v'), pair('从中', 'd'), pair('获得', 'v'), pair('运动', 'vn'), pair('的', 'uj'), pair('乐趣', 'a'), pair('，', 'x'), pair('更', 'd'), pair('能', 'v'), pair('感受', 'v'), pair('到', 'v'), pair('优秀', 'a'), pair('传统', 'n'), pair('文化', 'n'), pair('的', 'uj'), pair('无穷', 'd'), pair('魅力', 'n'), pair('。', 'x')]
【命名实体识别：】
 ['歌舞', '赛龙舟', '生命力', '人们', '传统', '文化', '魅力']
```

在词性标注结果中,"。"被标注为"x",因为句号是标点符号的一种,所以被标注为未知词性。在实际应用中,一些词典中不存在的词被标注为未知词性,这对词性统计等处理结果会有一定的影响,因此在使用jieba库自定义词典时,要尽可能完善词典信息。

2.5 关键词提取

关键词是能够反映文本主题或内容的词语。关键词提取这个概念随着信息检索学科的出现而被提出,它是从单个文本或一个语料库中,根据对核心词语的统计和语义分析,选择适当的、能够完整表达主题内容的特征项的过程。关键词提取的应用非常广泛,主要应用对象可以分为人类用户和机器用户。在面向读者的应用中,要求所提取的关键词具有很高的可读性、信息性和简约性。关键词提取主要应用于新闻阅读、广告推荐、历史文化研究、论文索引等领域。在自然语言处理中,关键词是中间产物,因此关键词提取的应用也非常广泛,主要应用于文本聚类、文本分类、机器翻译、语音识别等任务中。

2.5.1 常用关键词提取算法

关键词提取是文本挖掘中一个很重要的技术,通过对关键词的提取可以窥探整个文本的主题思想,进一步应用于文本推荐或文本搜索。常用的关键词提取算法有 TF-IDF 算法、TextRank 算法和主题模型算法。

1. TF-IDF 算法

TF-IDF 算法是关键词提取中比较基本和简单易懂的算法。判断一个词在一个文档中是否重要,最容易想到的衡量指标就是词频,重要的词往往在文档中出现的频率非常高;但并不是出现次数越多就一定越重要,因为有些词在各种文档中都频繁出现,而它的重要性不如那些只在这个文档中频繁出现的词的重要性强。TF-IDF 算法的主要思想是,词的重要性随着它在文档中出现频率的增加而上升,并随着它在文档集中出现频率的升高而下降。

TF-IDF 算法计算文档中每个词的 TF(词频)和 IDF(逆文档频率),再计算 TF-IDF 值,然后根据设定的阈值选择具有较高 TF-IDF 值的词作为关键词。TF-IDF 算法可以用来衡量一个词在文档中的关键程度,其流程图如图 2-10 所示。

TF、IDF 和 TF-IDF 值的计算公式为

$$TF(词频) = \frac{某个词在文档中出现的次数}{文档的总词数} \qquad (2\text{-}1)$$

$$\text{IDF}（逆文档频率）= \lg\left(\frac{\text{文档集中的文档总数}}{\text{包含该词的文档个数}+1}\right) \quad (2\text{-}2)$$

$$\text{TF-IDF} = \text{TF} \times \text{IDF} \quad (2\text{-}3)$$

2. TextRank 算法

TextRank 算法是一种基于图的文本排序算法，它可以用于自动摘要和关键词提取。它不需要依靠现有的文档集，只需利用局部词之间的关系对后续关键词进行排序，随后从文档中提取词或句子，即可实现关键词提取和自动摘要。

TextRank 算法从词图模型的角度寻找文档的关键词，它的基本思想主要来源于 PageRank 算法。PageRank 算法是整个 Google 搜索的核心算法，通过网页之间的链接计算网页的重要性。PageRank 算法将整个互联网看作一张有向图，网页是图中的节点，而网页之间的链接就是有向图的边。根据重要性传递的思想，如果一个网页 A 含有一个指向网页 B 的链接，那么网页 B 的重要性排名会根据网页 A 的重要性提升。TextRank 算法的流程图如图 2-11 所示。

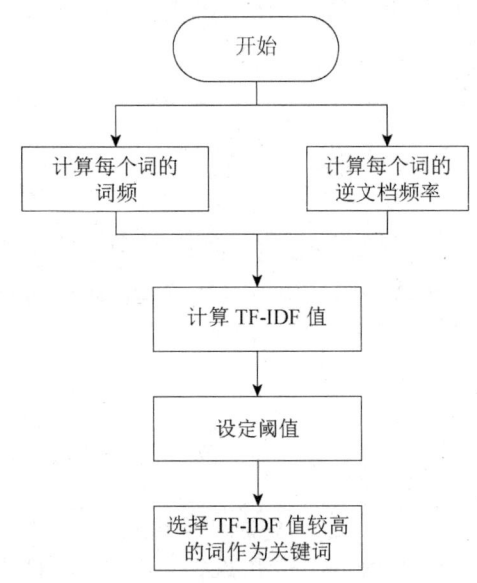

图 2-10 TF-IDF 算法的流程图

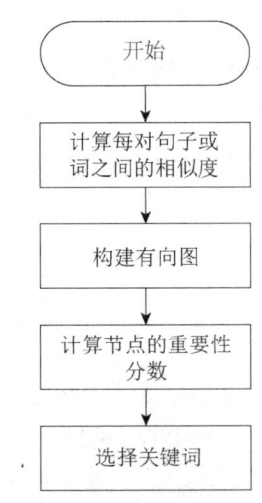

图 2-11 TextRank 算法的流程图

TextRank 算法的计算公式为

$$WS(V_i) = (1-d) + d \times \sum_{V_j \in \text{in}(V_j)} \left(\frac{w_{ji}}{\sum_{V_k \in \text{out}(V_j)} w_{jk}} \times WS(V_j)\right) \quad (2\text{-}4)$$

其中，$\text{in}(V_j)$ 为 V_j 的入链集合；$\text{out}(V_j)$ 为 V_j 的出链集合；d 为阻尼系数，默认取 0.85。

3. 主题模型算法

主题模型是自然语言处理中的一种常用模型，用于从大量文档中自动提取主题信息。主题模型算法的核心思想是，每个文档都可以看作多个主题的混合，其中每个主题由一组词构成。主题模型算法通过对文本数据进行建模和分析，提取出潜在的主题信息，而关键词则是在每个主题下具有较高权重的词，可以代表该主题的重要特征。常用的主题模型算法有LSA、概率潜在语义分析（Probabilistic Latent Semantic Analysis，PLSA）、LDA，以及基于深度学习的LDA2vec等。

主题模型算法的流程图如图2-12所示。

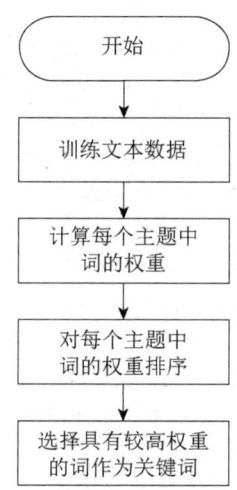

图2-12 主题模型算法的流程图

2.5.2 提取文本关键词

提取文本关键词的具体步骤如下。

（1）文本预处理。对原始文本进行清洗和预处理，包括分词、去除停用词、词干化等操作，以减少噪声，提取文本中的主题信息。

（2）特征提取。从预处理后的文本中提取关键特征，常用的方法包括词频统计、TF-IDF算法、文本向量化等。

（3）提取关键词。基于提取的特征，使用合适的算法或模型对文本中的关键词进行提取。常用的算法包括TF-IDF算法、TextRank算法，以及主题模型算法等。

1. 使用TF-IDF算法提取关键词

使用TF-IDF算法对关键词进行提取的常用方法有以下两种。

（1）从jieba库的analyse模块中调用extract_tags()函数实现，其语法格式如下。

```
jieba.analyse.extract_tags(sentence, topK=20, withWeight=False, allowPOS=())
```

extract_tags()函数常用的参数及其说明如表2-7所示。

表 2-7 extract_tags()函数常用的参数及其说明

参数名称	说明
sentence	接收 str。表示待提取关键词的文本。无默认值
topK	接收 int。表示返回的关键词数量。默认为 20
withWeight	接收 bool。表示是否返回关键词的权重值。默认为 False
allowPOS	接收 str。表示返回指定词性的词。无默认值

（2）通过调用 sklearn 库中的 TfidfVectorizer()类实现，其语法格式如下。

```
TfidfVectorizer(*, input='content', encoding='utf-8', decode_error='strict',
strip_accents=None, lowercase=True, preprocessor=None, tokenizer=None,
analyzer='word', stop_words=None, token_pattern='(?u)\b\w\w+\b', ngram_range=
(1,1),max_df=1.0,min_df=1, max_features=None, vocabulary=None, binary=False,
dtype=<class 'numpy.float64'>, norm='l2', use_idf=True, smooth_idf=True,
sublinear_tf=False)
```

TfidfVectorizer()类常用的参数及其说明如表 2-8 所示。

表 2-8 TfidfVectorizer()类常用的参数及其说明

参数名称	说明
input	接收 str。表示指定输入的文本数据。无默认值
encoding	接收 str。表示指定输入数据的编码方式。默认为 utf-8
decode_error	接收 str。表示字符序列。无默认值
strip_accents	接收 str。表示字符规范化。默认为 None
lowercase	接收 bool。表示是否将文本转换为小写。默认为 True
preprocessor	接收 str。表示覆盖预处理阶段。默认为 None
tokenizer	接收 str。表示覆盖字符串标记化步骤。默认为 None
analyzer	接收 str。表示特征是否由字符组成。无默认值
stop_words	接收 str。表示停用词。默认为 None

现对"中秋佳节是我国传统节日，寄托着人们阖家团圆的美好期盼。"分别利用 TF-IDF 算法的两种常用关键词提取方法进行关键词提取，如代码 2-7 所示。

代码 2-7 TF-IDF 算法关键词提取

```
import jieba.analyse
# 待提取关键词的文本
text = '中秋佳节是我国传统节日，寄托着人们阖家团圆的美好期盼。'
# 使用默认的 TF-IDF 算法提取关键词
keywords = jieba.analyse.extract_tags(text, topK=5)
# 输出关键词
print(f'使用jieba库提取的文本关键词为：{keywords}')
from sklearn.feature_extraction.text import TfidfVectorizer
# 准备文本数据集
```

```python
docs = ['中秋佳节是我国传统节日,寄托着人们阖家团圆的美好期盼。']
# 分词处理
tokenized_docs = [jieba.lcut(doc) for doc in docs]
# 将文本数据转换成向量表示
vectorizer = TfidfVectorizer()
tfidf_matrix = vectorizer.fit_transform([' '.join(doc) for doc in tokenized_docs])
# 获取词汇表
vocab = vectorizer.get_feature_names()
# 提取关键词
top_k = 5  # 提取的关键词数量
for i, doc in enumerate(tokenized_docs):
    tfidf_scores = tfidf_matrix[i].toarray()[0]
    top_indices = tfidf_scores.argsort()[-top_k:][::-1]
    keywords = [vocab[idx] for idx in top_indices]
    print(f'使用sklearn库提取的文本关键词为:{keywords}')
```

代码 2-7 的运行结果如下。

```
使用jieba库提取的文本关键词为:['阖家团圆', '中秋佳节', '传统节日', '期盼', '寄托']
使用sklearn库提取的文本关键词为:['阖家团圆', '美好', '期盼', '我国', '寄托']
```

2. 使用 TextRank 算法提取关键词

使用 TextRank 算法提取关键词可以从 jieba 库的 analyse 模块中调用 textrank() 函数来实现,其语法格式如下。

```
jieba.analyse.textrank(sentence, topK=20, withWeight=False, allowPOS=())
```

textrank() 函数常用的参数及其说明如表 2-9 所示。

表 2-9　textrank() 函数常用的参数及其说明

参数名称	说明
sentence	接收 str。表示待提取关键词的文本。无默认值
topK	接收 int。表示返回的关键词数量。默认为 20
withWeight	接收 bool。表示是否返回关键词的权重值。默认为 False
allowPOS	接收 str。表示返回指定词性的词。无默认值

现对"黄河作为中华民族的母亲河,哺育了世世代代千千万万中华儿女。"利用 TextRank 算法进行关键词提取,如代码 2-8 所示。

代码 2-8　TextRank 算法关键词提取

```
import jieba
import jieba.analyse
def keywords_textrank(text):
    keywords = jieba.analyse.textrank(text, topK=6)
    return keywords
# 准备文本数据集
```

```python
text = '黄河作为中华民族的母亲河,哺育了世世代代千千万万中华儿女。'
# 基于jieba库实现
keywords = keywords_textrank(text)
print(f'文本的关键词为:{keywords}')
```

代码2-8的运行结果如下。

```
文本的关键词为:['哺育', '黄河', '中华儿女', '作为', '世世代代']
```

3. 使用主题模型算法提取关键词

使用主题模型算法提取关键词可以从gensim库的models模块中调用LdaModel()类来实现,其语法格式如下。

```
gensim.models.LdaModel(corpus=None, num_topics=100, id2word=None, distributed=False, chunksize=2000, passes=1, update_every=1, alpha='symmetric', eta=None, decay=0.5, offset=1.0, eval_every=10, iterations=50, gamma_threshold=0.001, minimum_probability= 0.01, random_state=None, ns_conf={})
```

LdaModel()类常用的参数及其说明如表2-10所示。

表2-10 LdaModel()类常用的参数及其说明

参数名称	说明
corpus	接收str。表示待提取关键词的文本。无默认值
num_topics	接收int。表示主题的数量。无默认值
id2word	接收str。表示将词与其对应的编号进行映射。默认为dictionary
distributed	接收bool。表示是否使用分布式计算。默认为False
passes	接收int。表示通过语料库的次数。无默认值
alpha	接收str。表示控制文档-主题分布的稀疏性。无默认值
eta	接收str。表示控制主题-词分布的稀疏性。默认为None

现对"新质生产力是以劳动者、劳动资料、劳动对象及其优化组合的跃升为基本内涵的先进生产力。"利用主题模型算法进行关键词提取,如代码2-9所示。

代码2-9 主题模型算法关键词提取

```
import jieba
from gensim import corpora, models
# 原始文本
text = '新质生产力是以劳动者、劳动资料、劳动对象及其优化组合的跃升为基本内涵的先进生产力。'
# 分句处理
sentences = text.split('。')
# 分词处理
tokenized_sentences = [jieba.lcut(sentence) for sentence in sentences]
# 创建词袋模型
dictionary = corpora.Dictionary(tokenized_sentences)
corpus = [dictionary.doc2bow(tokens) for tokens in tokenized_sentences]
# 使用LDA模型拟合文本数据
```

```python
lda_model = models.LdaModel(corpus, num_topics=2, id2word=dictionary, passes=3)
# 获取每个文档中的主题分布
topic_distribution = lda_model.get_document_topics(corpus)
# 取每个文档最相关的主题作为关键主题
top_k = 2  # 提取的关键主题数量
keywords = []
for doc_topics in topic_distribution:
    doc_topics = sorted(doc_topics, key=lambda x: x[1], reverse=True)
    keywords.extend([lda_model.show_topic(topic[0]) for topic in doc_topics[:top_k]])
# 输出关键词
for keyword in keywords:
    print(keyword)
```

代码 2-9 的运行结果如下。

```
[('的', 0.09290282), ('生产力', 0.09267426), ('、', 0.09210613), ('劳动资料', 0.05576337), ('以', 0.055747177), ('及其', 0.055710465), ('内涵', 0.055613793), ('优化组合', 0.055583026), ('跃升', 0.05557757), ('为', 0.055550266)]
[('、', 0.0660982), ('生产力', 0.06435465), ('的', 0.063653275), ('劳动者', 0.06284136), ('先进', 0.062315423), ('是', 0.062300183), ('劳动对象', 0.062138073), ('新质', 0.062124975), ('基本', 0.062090293), ('为', 0.062030375)]
```

运行结果展示了 2 个主题的概率分布，这些主题的概率分布表示每个文档与不同主题的相关程度。在这个示例中，每个文档的主题分布都是类似的。2 个主题中概率最高的词是"的"或"、"，说明 2 个主题的关键词为"的"或"、"。

本章小结

本章首先介绍了常用文本数据源和语料库的相关知识及 NLTK 中部分函数的使用方法，获取了网络语料库的所有文本文件，并对文本文件中的词、句子及其统计信息进行分析。其次介绍了常用中文分词方法和基于 jieba 库的中文分词，并介绍了词性标注和命名实体识别，通过 jieba 库完成了词性标注和命名实体识别。最后介绍了常用的关键词提取算法，并给出了利用三种算法提取文本关键词的示例。

课后习题

1. 选择题

（1）下列不属于常用文本数据源的是（　　）。

  A. 网络文本　　　　　　　　B. 学术文献

  C. 电子游戏　　　　　　　　D. 政府数据

（2）下列不是语料库的构建原则的是（　　）。

　　A. 代表性　　　　　　　　B. 结构性

　　C. 规模性　　　　　　　　D. 复杂性

（3）用于查看整个语料库包含的句子的函数是（　　）。

　　A. sents()　　　　　　　　B. similar()

　　C. most_common()　　　　D. lcut()

（4）下列不是常用的中文分词方法的是（　　）。

　　A. 正向最大匹配法　　　　B. 逆向最大匹配法

　　C. 双向最大匹配法　　　　D. 最大最小切分法

（5）下列不是基于jieba库的分词模式的是（　　）。

　　A. 全模式　　　　　　　　B. 泛模式

　　C. 精确模式　　　　　　　D. 搜索引擎模式

（6）下列编码与词性对应错误的是（　　）。

　　A. a：形容词　　　　　　B. e：方位词

　　C. n：名词　　　　　　　D. v：动词

（7）下列不属于命名实体识别算法的是（　　）。

　　A. 基于机器学习的方法　　B. 基于统计的方法

　　C. 基于规则的方法　　　　D. 基于深度学习的方法

（8）下列编码与词性标注对应错误的是（　　）。

　　A. n：名词　　　　　　　B. nr：人名

　　C. ns：地名　　　　　　　D. nt：其他专名

（9）下列不属于关键词提取算法的是（　　）。

　　A. TextRank算法　　　　　B. 主题模型算法

　　C. TF-IDF算法　　　　　　D. 编码标签算法

2. 操作题

（1）请通过NLTK获取所有的网络语料库并对"wine.txt"文本文件的词、句子进行数量统计。

（2）请调用posseg模块实现"自然语言处理（NLP）是计算机科学与人工智能的一个重要分支，旨在使机器能够理解和处理人类语言。"的词性标注和命名实体识别。

（3）请通过jieba库用TF-IDF算法提取"关键词提取是文本挖掘领域一个很重要的部分，通过对文本提取的关键词可以窥探整个文本的主题思想，进一步应用于文本的推荐或文本的搜索。"的关键词。

第 3 章 文本预处理与分析

文本预处理与分析是自然语言处理中的一个重要研究方向,目的是通过对原始文本进行处理和分析,提取其中的有用信息。随着互联网和社交媒体的快速发展,人们产生和累积的文本数据呈爆炸式增长,如何有效地处理和分析海量的文本数据,成为各个领域所关注的问题。随着计算机计算能力的大幅提升,机器学习和深度学习都取得了长足的发展,自然语言处理越来越多地通过机器学习和深度学习工具解决问题。本章主要介绍文本预处理中的文本向量化与相似度、文本分析简介及其常用算法。

学习目标

(1)了解文本向量化和相似度的基本概念。
(2)了解文本离散化表示和文本分布式表示的常用方法。
(3)熟悉文本向量化模型 Word2Vec 和 Doc2Vec 的基本原理。
(4)掌握常用的文本相似度算法。
(5)了解结构化分析和语义化分析的常见类型。
(6)掌握文本分析常用的机器学习算法。
(7)了解文本分析常用的深度学习算法。

3.1 文本向量化与相似度

文本向量化是与文本有关的机器学习的常见前置操作。在文本向量化的过程中，根据映射方法的不同，可以将其分为文本离散化表示和文本分布式表示。在自然语言处理中，经常会涉及度量两个文本相似度的问题。在对话系统和信息检索中，度量文本之间的相似度尤为重要。

3.1.1 文本向量化与相似度简介

文本向量化与相似度的计算是文本分析中不可或缺的部分，下面将介绍文本向量化与相似度的概念和定义。

1. 文本向量化

文本向量化是指将文本表示成一系列能够表达文本语义的机读向量，它是文本表示的一种重要方式。在自然语言处理中，文本向量化是一个重要环节，其产出向量的质量将直接影响后续模型的表现。

文本向量化按照向量化的粒度可以分为以字为单位、以词为单位和以句子为单位的向量表达方法，需根据不同的情景选择不同的向量表达方法。目前对文本向量化的大部分研究都是以词为单位的。随着深度学习技术的广泛应用，基于神经网络的文本向量化已经成为自然语言处理领域的研究热点，尤其是以词为单位的文本向量化。Word2Vec 模型是目前以词为单位的文本向量化中最典型的生成词向量的工具，其特点是将所有的词向量化，这样即可度量词与词之间的关系、挖掘词与词之间的联系。也有一部分研究将句子作为文本处理的基本单元，于是产生了 Doc2Vec 和 Str2Vec 等模型。

2. 文本相似度

文本相似度在文本检索、文本分类、文档聚类、主题分析、机器翻译、文本摘要等任务中的研究和应用越来越重要。词与词之间的相似度是文本相似度的重要组成部分，是句子、段落和文档相似度的基础。

文本相似度用来衡量两个文本在语义上的相似程度，定义为

$$\text{Sim}(A, B) = \frac{\lg P(\text{common}(A, B))}{\lg P(\text{description}(A, B))} \tag{3-1}$$

其中，common(A,B)是文本A和B的共性信息；description(A,B)是描述文本A和B的全部信息。式（3-1）代表文本相似度与文本共性信息呈正相关。

文本相似度一般可以用[0,1]中的实数表示，该实数可通过计算语义距离获得。文本相似度与语义距离呈负相关，语义距离越小，文本相似度越高；语义距离越大，文本相似度越低。通常用式（3-2）表示相似度与语义距离的关系。

$$\text{Sim}(A,B) = \frac{\alpha}{\text{Dis}(A,B)+\alpha} \tag{3-2}$$

其中，Dis(A,B)表示文本A、B之间的非负语义距离；α为调节因子，保证当语义距离为0时，式（3-2）具有意义。

3.1.2 常用文本向量化方法

文本向量化通过数值向量来表示文本的语义，主要分为文本离散化表示和文本分布式表示。

1. 文本离散化表示

文本离散化表示是一种基于规则和统计的文本向量化方法，常用的方法有词集（Set-Of-Words，SOW）模型和词袋（Bag-Of-Words，BOW）模型，这两种模型都以词与词之间保持独立性、没有关联为前提，以所有文本中的词形成一个词典，然后根据词典统计词的出现频数。但这两种模型也存在不同之处。例如，SOW模型中的独热表示，只要单个文本中的词出现在词典中，不管出现多少次，都将其向量值置为1。而BOW模型只要文本中一个词出现在词典中，就将其向量值加1，出现多少次就加多少次。文本离散化表示的特点是忽略文本信息中的语序信息和语境信息，仅将其反映为若干维度的独立概念。由于模型本身存在无法解决的问题，如主语和宾语的顺序问题，会导致模型无法理解文本的原意，如"我为你鼓掌"和"你为我鼓掌"两个句子之间的区别。

1）独热表示

独热表示是指用一个长的向量表示词典中的一个词，向量长度为词典的长度，每个向量只有一个维度为1，其余维度全部为0，向量中维度为1的位置表示该词在词典中的位置。例如，对于"建设农业强国，利器在科技"和"农业强国，科技助力"，首先对这两个句子进行分词并构造一个词典，词典的键是词，值是ID，即{"建设":1,"农业":2,"强国":3,"利器":4,"在":5,"科技":6,"助力":7}；然后根据ID值对每个词进行向量化，用0和1代表这个词是否出现，最后得到的独热表示如表3-1所示。

表 3-1 独热表示

词语	独热表示
建设	[1,0,0,0,0,0,0]
农业	[0,1,0,0,0,0,0]
强国	[0,0,1,0,0,0,0]
利器	[0,0,0,1,0,0,0]
在	[0,0,0,0,1,0,0]
科技	[0,0,0,0,0,1,0]
助力	[0,0,0,0,0,0,1]

独热表示构造简单，但有如下明显的缺点。

（1）维数过大。上例只有两个句子，每个词是一个 7 维向量，随着语料的增加，维数会越来越大，将导致"维数灾难"。维数灾难是指在高维空间中数据分布变得稀疏、计算复杂度急剧增加的现象。

（2）矩阵稀疏。独热表示的每个词向量只有一个维度是有数值的，其余维度的数值都为 0。

（3）不能保留语义。独热表示的结果不能保留词在句子中的位置信息。

2）BOW 模型

BOW 模型使用一个向量表示一个句子或一个文档。BOW 模型忽略文档的词顺序、语法、句法等要素，将文档看作若干个词的集合，文档中每个词都是独立的。

BOW 模型每个维度上的数值代表每个词在句子中出现的次数。将上例中的两个句子分词后构造词典，词典的键是词，值是 ID，即{"农业":1,"强国":2,"科技":3,"建设":4,"利器":5,"在":6,"助力":7}。然后根据每个词出现的次数对文本进行 BOW 向量化，可得两个句子的 BOW 模型表示，如表 3-2 所示。

表 3-2 BOW 模型表示

文本	BOW 模型表示
建设农业强国，利器在科技	[1,1,1,1,1,1,0]
农业强国，科技助力	[1,1,1,0,0,0,1]

BOW 模型存在如下缺点。

（1）不能保留语义。不能保留词在句子中的位置信息，如"我为你鼓掌"和"你为我鼓掌"的向量化结果没有区别。"我喜欢北京"和"我不喜欢北京"这两个句子语义相反，但利用 BOW 模型得到的结果却可能认为它们是相似的文本。

（2）维数过大和矩阵稀疏。当语料增加时，维数也会增大，一个文本里不出现的词就会增多，导致矩阵稀疏。

3）TF-IDF 表示

TF-IDF 表示与 BOW 模型类似，它是在 BOW 模型的基础上给词的出现频数赋予 TF-IDF 值，对 BOW 模型进行修正，进而表示该词在文本中的重要程度。

仍以"建设农业强国，利器在科技"和"农业强国，科技助力"为例。首先，将句子分词后得到词典，即{农业,强国,科技,建设,利器,在,助力}。然后，计算每个词的 TF-IDF 值，其中"建设农业强国，利器在科技"中"科技"的 TF-IDF 值的具体计算过程如下。

$$TF（科技）=\frac{1}{6}=0.1667$$

$$IDF（科技）=\lg\frac{2}{3}=-0.1761$$

$$TF\text{-}IDF=TF\times IDF=0.1667\times(-0.1761)=-0.0294$$

"建设农业强国，利器在科技"中所有词的 TF-IDF 值如表 3-3 所示。

表 3-3 TF-IDF 值（1）

建设农业强国，利器在科技	TF-IDF 值
建设	0
农业	−0.0294
强国	−0.0294
利器	0
在	0
科技	−0.0294

"农业强国，科技助力"中所有词的 TF-IDF 值如表 3-4 所示。

表 3-4 TF-IDF 值（2）

农业强国，科技助力	TF-IDF 值
农业	−0.0440
强国	−0.0440
科技	−0.0440
助力	0

2. 文本分布式表示

文本分布式表示是将每个词根据上下文信息从高维空间映射到一个低维度、稠密的向量上。文本分布式表示的思想是，词的语义是通过上下文信息确定的，即相同语境下出现的词，其语义也相近。文本分布式表示的优点是考虑到了词与词之间存在的相似关系，减小了词向量的维度。常用的方法有基于矩阵的分布式表示［如矩阵分解（LSA）模型、概率潜在语义分析（PLSA）模型和文档生成（LDA）模型]、基于聚类的分布式表示和基于神经网络的分布式表示（如 Word2Vec 模型和 Doc2Vec 模型）。

1）Word2Vec 模型

Word2Vec 模型其实就是简化的神经网络模型。随着深度学习技术的广泛应用，基于神经网络的文本向量化成为自然语言处理领域的研究热点。2013 年，Google 开源了用于词向量建模的工具 Word2Vec 模型，引起了工业界和学术界的广泛关注。首先，Word2Vec 模型可以在百万数量级的词典和上亿数量级的数据集上进行高效的训练；其次，该模型得到的训练结果可以很好地度量词与词之间的相似度。

Word2Vec 模型的输入是独热向量，根据输入和输出模式，可以分为连续词袋(Continuous Bag-Of-Word，CBOW)模型和跳字（Skip-Gram）模型。CBOW 模型的输入是某个特定词的上下文的独热向量，而输出是这个特定词的概率分布。Skip-Gram 模型和 CBOW 模型的思路相反，输入是一个特定词的独热向量，而输出是这个特定词的上下文的概率分布。CBOW 模型适用于小型语料库，而 Skip-Gram 模型在大型语料库中表现更好。

Word2Vec 模型的特点是，当模型训练好之后，并不会使用训练好的模型处理新的任务，而是使用模型通过训练数据所得的参数进行模型构建，如隐藏层的权重矩阵等参数。

（1）CBOW 模型。

CBOW 模型根据上下文可预测目标词的概率分布。CBOW 模型的神经网络包含输入层、隐藏层和输出层，其网络结构如图 3-1 所示，具体如下。

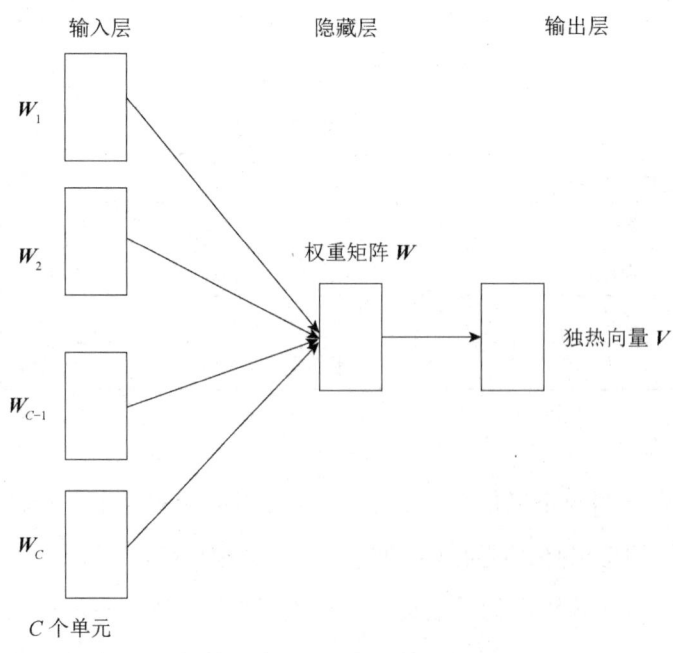

图 3-1　CBOW 模型的网络结构

①输入层含有 C 个单元，每个单元含有 V 个神经元，用于输入 V 维独热向量。

②隐藏层的神经元个数为 N，在输入层中，每个单元到隐藏层的连接权重共享一个 $V \times N$ 维的权重矩阵 W。

③输出层含有 V 个神经元，隐藏层到输出层的连接权重为 $N \times V$ 维权重矩阵 W'。

④输出层神经元的输出值表示每个词的概率分布，通过 softmax 函数计算每个词的概率分布。

假设词向量空间维数为 V，上下文中词的个数为 C，词典中的所有词都转换为独热向量，CBOW 模型的训练步骤如下。

①初始化权重矩阵 W（$V \times N$ 维矩阵，N 为人为设定的隐藏层单元的数量），输入层的所有独热向量分别乘以共享的权重矩阵 W，得到隐藏层的输入向量。

②计算隐藏层的所有输入向量的平均值，得到隐藏层的输出向量。

③将隐藏层的输出向量乘以权重矩阵 W'（$V \times N$ 维矩阵），得到输出层的输入向量。

④通过激活函数处理输入向量得到输出层的概率分布。

⑤计算损失函数。

⑥更新权重矩阵。

CBOW 模型由权重矩阵 W 和 W' 确定，训练的过程就是确定 W 和 W' 的过程。权重矩阵可以通过随机梯度下降法确定，即初始化时给这些权重赋一个随机值，然后按序训练样本，计算损失函数，并计算这些损失函数的梯度，在梯度方向更新权重矩阵。

（2）Skip-Gram 模型。

Skip-Gram 模型与 CBOW 模型相反，它根据目标词预测其上下文的概率分布。假设词典中词汇量的大小为 V，隐藏层的大小为 N，相邻层的神经元是全连接的，Skip-Gram 模型的网络结构如图 3-2 所示，具体如下。

①输入层含有 V 个神经元，输入是一个 V 维的独热向量。

②输入层到隐藏层的连接权重是一个 $V \times N$ 维的权重矩阵 W。

③输出层含有 C 个单元，每个单元含有 V 个神经元，隐藏层到输出层每个单元的连接权重共享一个 $V \times N$ 维的权重矩阵 W'。

④对输出层每个单元使用 softmax 激活函数计算上下文的概率分布。

假设词向量空间维数为 V，上下文中词的个数为 C，词典中的所有词都转换为独热向量，Skip-Gram 模型的训练步骤如下。

①输入独热向量 V。

②初始化权重矩阵 W（$V \times N$ 维矩阵，N 为人为设定的隐藏层单元的数量），输入层的

所有独热向量分别乘以共享的权重矩阵 W，得到隐藏层的输入向量。

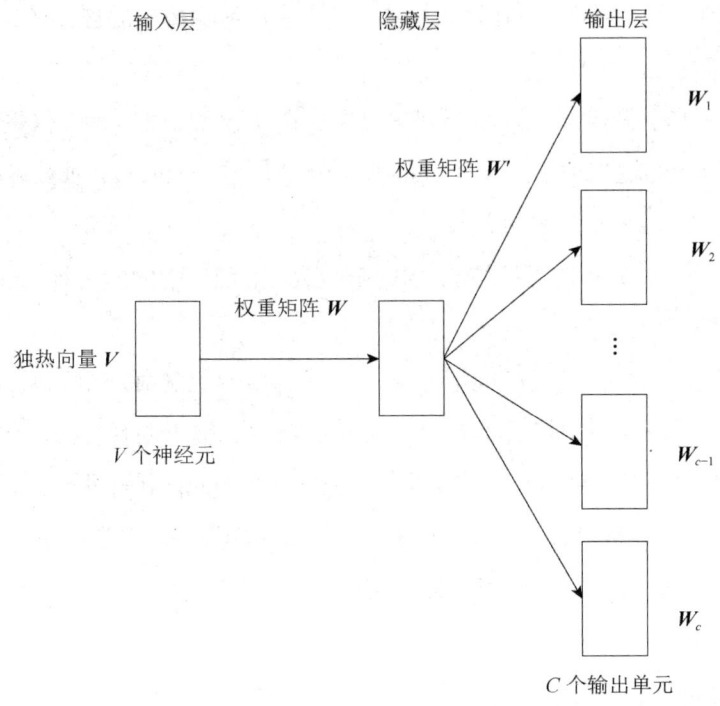

图 3-2　Skip-Gram 模型的网络结构

③将隐藏层的输出向量乘以权重矩阵 W'（$V \times N$ 维矩阵），得到输出层的输入向量。

④通过激活函数处理输入向量得到输出层上下文的概率分布。

⑤输出结果。

2) Doc2Vec 模型

通过 Word2Vec 模型可获取文本的向量，一般做法是先进行分词，提取文本的关键词，用 Word2Vec 模型获取这些关键词的词向量，然后计算这些关键词的词向量的平均值，或将这些词向量拼接起来得到一个新的向量，这个新向量可以看作这个文本的向量。然而，这种方法只保留词的信息，会丢失文本中的主题信息。为此，有研究者在 Word2Vec 模型的基础上提出了 Doc2Vec 模型。

Doc2Vec 模型与 Word2Vec 模型类似，只是在 Word2Vec 模型的输入层加了一个与词向量同维度的段落向量，可以将这个段落向量看作另一个词向量。

Doc2Vec 模型有分布式记忆（Distributed Memory，DM）模型和分布式词袋（Distributed Bag-Of-Words，DBOW）模型两种，分别对应 Word2Vec 模型里的 CBOW 模型和 Skip-Gram 模型。

（1）DM 模型。

DM 模型与 CBOW 模型类似，在给定上下文的前提下，试图预测目标词的概率分布，只不过 DM 模型的输入不仅包括上下文，还包括相应的段落。

假设词典中的词汇量大小为 V，每个词都用独热向量表示，神经网络相邻层的神经元是全连接的，DM 模型的网络结构如图 3-3 所示，具体如下。

①输入层含有 1 个段落单元、C 个上下文单元，每个单元含有 V 个神经元，用于输入 V 维独热向量。

②隐藏层的神经元个数为 N，段落单元到隐藏层的连接权重为 $V \times N$ 维矩阵 D，每个上下文单元到隐藏层的连接权重共享一个 $V \times N$ 维的权重矩阵 W。

③输出层含有 V 个神经元，隐藏层到输出层的连接权重为 $N \times V$ 维的权重矩阵 W'。

④通过 softmax 激活函数计算输出层的神经元输出值。

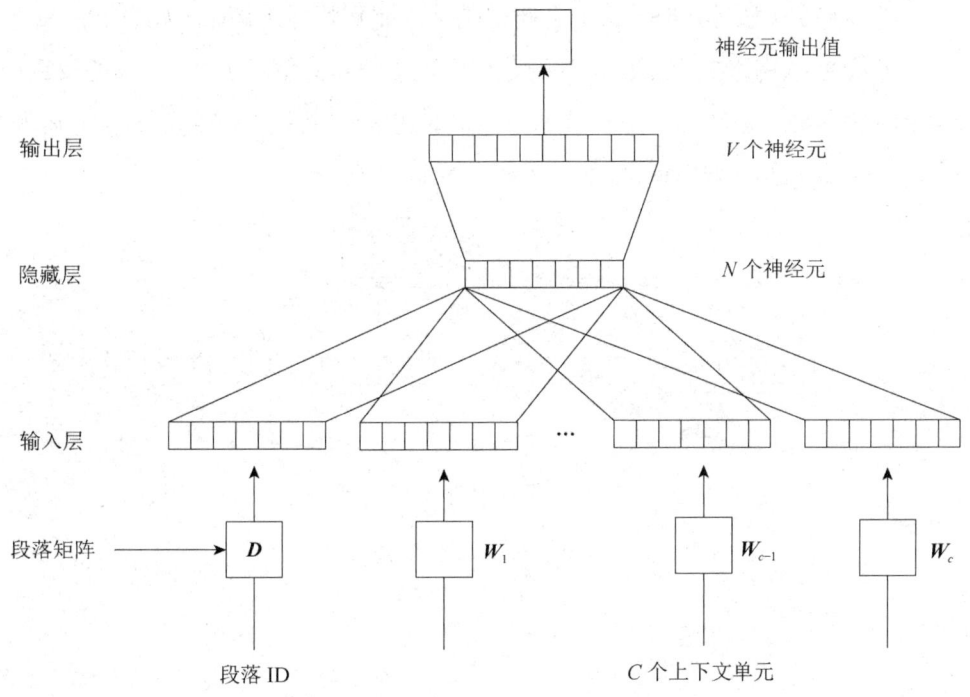

图 3-3　DM 模型的网络结构

DM 模型增加了一个与词向量长度相等的段落向量，即段落（Paragraph）ID，从输入到输出的计算过程如下。

①段落 ID 通过矩阵 D 映射成段落向量。段落向量和词向量的维数虽然一样，但是分别代表两个不同的向量空间。每个段落或句子被映射到向量空间中时，都可以用矩阵 D 的一列表示。

②上下文通过矩阵 W 映射到向量空间，用矩阵 W 的列表示。

③将对段落向量和词向量求平均后或按顺序拼接后得到的向量输入 softmax 层。

在训练过程中，段落 ID 始终保持不变，共享同一个段落向量，相当于每次预测目标词的概率时，都利用了整个句子的语义。这个段落向量也可以认为是一个词，它的作用相当于上下文的记忆单元，也可作为这个段落的主题。

在预测阶段，为文本新分配一个段落 ID，词向量和输出层的参数保持不变，重新利用随机梯度下降法训练文本，待误差收敛后即可得到新的段落向量。

（2）DBOW 模型。

DBOW 模型与 Skip-Gram 模型只给定一个词预测上下文的概率分布类似，DBOW 模型的输入只有段落向量，通过一个段落向量预测段落中随机词的概率分布。DBOW 模型的网络结构如图 3-4 所示，具体如下。

①输入层含有 1 个段落矩阵、C 个文档或段落，每个文档或段落含有 V 个神经元。隐藏层的神经元个数为 N，每个文档或段落到隐藏层的连接权重共享一个 $V \times N$ 维的权重矩阵 $\boldsymbol{W}$。

②输出层含有 V 个神经元，隐藏层到输出层的连接权重为 $N \times V$ 维的权重矩阵 $\boldsymbol{W}'$。

③通过 softmax 激活函数计算输出层的神经元输出值。

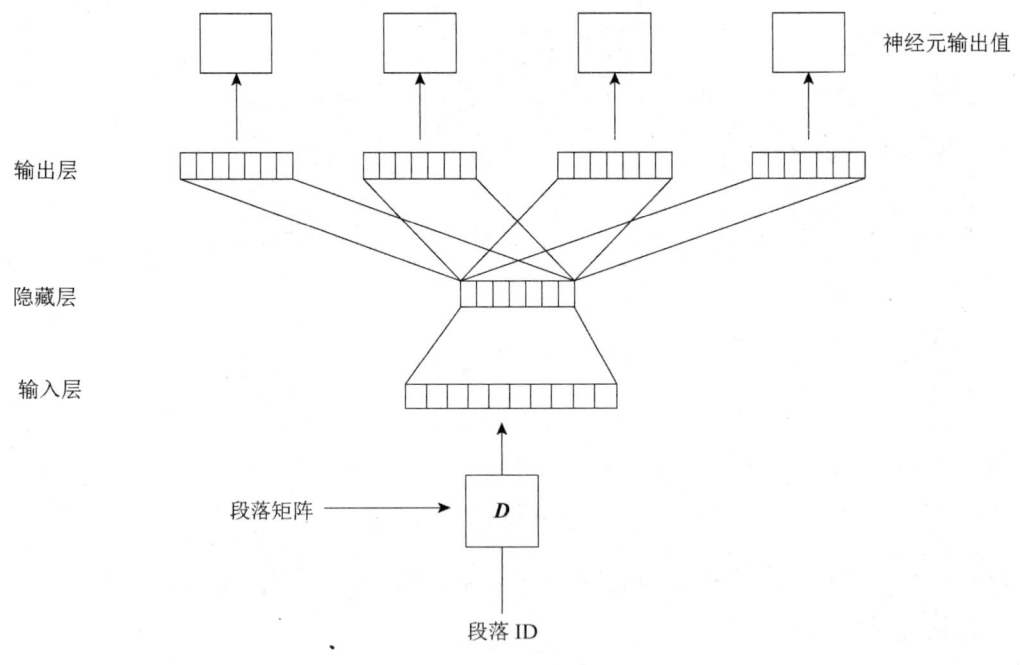

图 3-4　DBOW 模型的网络结构

DBOW 模型忽略了输入的上下文，让模型去预测段落中的随机词，在每次迭代时，从文本中采样得到一个窗口，再从这个窗口中随机采样一个词作为预测任务并让模型去预测，输入就是段落向量。

Doc2Vec 模型从输入到输出的计算过程如下。

①训练模型。在已知的训练数据中得到词矩阵 **W**、各参数项和段落矩阵 **D**。

②推断过程。对于新的段落，需要得到它的向量表达。具体做法是在段落矩阵 **D** 中添加更多的列，并且在固定参数的情况下利用上述方法进行训练，使用随机梯度下降法得到新的矩阵 **D**，从而得到新段落的向量表达。

由于 Doc2Vec 模型完全是从 Word2Vec 模型扩展而来的，DM 模型与 CBOW 模型相对应，所以可以根据上下文词向量和段落向量预测目标词的概率分布。DBOW 模型与 Skip-Gram 模型对应，只输入段落向量，可预测从段落中随机抽取的词的概率分布。Doc2Vec 模型不仅可提取文本的语义信息，而且可提取文本的语序信息。

3.1.3 文本向量化实现

文本向量化可以通过 gensim 库实现。下面将介绍基于 Word2Vec 模型和 Doc2Vec 模型实现文本向量化的具体操作过程。

1. Word2Vec 模型文本向量化

Word2Vec 模型可通过调用 gensim 库的 Word2Vec()函数训练词向量，其语法格式如下。

```
Word2Vec(sentences, min_count=1, vector_size=100, window=5, workers=4)
```

Word2Vec()函数的常用参数及其说明如表 3-5 所示。

表 3-5 Word2Vec()函数的常用参数及其说明

参数名称	说明
sentences	接收 str。表示输入的语料库，可以是一个列表或迭代器。无默认值
min_count	接收 int。表示忽略总频率小于这个值的单词。默认为 5
vector_size	接收 int。表示生成的词向量的维度。默认为 100
window	接收 int。表示考虑前后多少个单词作为上下文。默认为 5
workers	接收 int。表示训练模型时使用的工作线程数。默认为 1

现以文本"加快建设制造强国、质量强国、航天强国、交通强国、网络强国、数字中国"为例，使用 Word2Vec 模型进行文本向量化，如代码 3-1 所示。

代码 3-1 Word2Vec 模型文本向量化

```
from gensim.models import Word2Vec
def word2vec_sentence_embedding(sentence):
    # 分词
    words = sentence.split()
    # 训练 Word2Vec 模型
    model = Word2Vec([words], vector_size=100, window=5, min_count=1, workers=4)
    # 文本向量化
```

```
    sentence_vector = model.wv[words].mean(axis=0)
    return sentence_vector
# 文本输入
sentence = '加快建设制造强国、质量强国、航天强国、交通强国、网络强国、数字中国'
# Word2Vec 模型文本向量化
vector = word2vec_sentence_embedding(sentence)
print('Word2Vec 模型文本向量化结果：')
print('sentence 的向量：\n', vector)
```

代码 3-1 的运行结果如下。

```
Word2Vec 模型文本向量化结果：
sentence 的向量：
 [-5.3622725e-04  2.3643136e-04  5.1033497e-03  9.0092728e-03
 -9.3029495e-03 -7.1168090e-03  6.4588725e-03  8.9729885e-03
  ...             ...             ...             ...
  3.4736372e-03  2.1777749e-04  9.6188262e-03  5.0606038e-03
 -8.9173904e-03 -7.0415605e-03  9.0145587e-04  6.3925339e-03]
```

运行结果以向量的形式展示了文本"加快建设制造强国、质量强国、航天强国、交通强国、网络强国、数字中国"的向量化结果。

2. Doc2Vec 模型文本向量化

Doc2Vec 模型可通过调用 gensim 库的 Doc2Vec() 函数训练词向量，其语法格式如下。

```
Doc2Vec(documents, min_count=2, vector_size=50, epochs=40, workers=4)
```

Doc2Vec() 函数的常用参数及其说明如表 3-6 所示。

表 3-6 Doc2Vec() 函数的常用参数及其说明

参数名称	说明
documents	接收 str。表示输入的文档列表。无默认值
min_count	接收 int。表示忽略总频率小于这个值的单词。默认为 5
vector_size	接收 int。表示生成的词向量的维度。默认为 100
epochs	接收 int。表示训练模型时的迭代次数。默认为 10
workers	接收 int。表示训练模型时使用的工作线程数。默认为 1

现以文本"培育创新文化，弘扬科学家精神，涵养优良学风，营造创新氛围"为例，使用 Doc2Vec 模型进行文本向量化，如代码 3-2 所示。

代码 3-2 Doc2Vec 模型文本向量化

```
from gensim.models import Doc2Vec
from gensim.models.doc2vec import TaggedDocument
def doc2vec_sentence_embedding(sentence):
    # 分词
    words = sentence.split()
    # 转换为 TaggedDocument 格式
```

```
        doc = TaggedDocument(words=words, tags=[0])
        # 训练 Doc2Vec 模型
        model = Doc2Vec([doc], vector_size=100, window=5, min_count=1, workers=4)
        # 文本向量化
        sentence_vector = model.infer_vector(words)
        return sentence_vector
# 文本输入
sentence = '培育创新文化，弘扬科学家精神，涵养优良学风，营造创新氛围'
# Doc2Vec 模型文本向量化
vector = doc2vec_sentence_embedding(sentence)
print('Doc2Vec 模型文本向量化结果：')
print('sentence 的向量：\n', vector)
```

代码 3-2 的运行结果如下。

```
Doc2Vec 模型文本向量化结果：
sentence 的向量：
 [-4.3966193e-03  2.9815948e-03 -3.0292559e-03 -2.9192781e-03
 -2.2427994e-03  2.8775514e-03 -4.0365928e-03  4.0877103e-03
  ...           ...            ...            ...
 -1.6047165e-03  1.2633288e-03  2.3232305e-03  1.1190206e-03
 -1.5022689e-03 -1.8358517e-03  2.0790601e-03  2.9390329e-03]
```

运行结果以向量的形式展示了文本"培育创新文化，弘扬科学家精神，涵养优良学风，营造创新氛围"的向量化结果。

3.1.4 常用文本相似度算法

在自然语言处理的文本预处理与分析任务中，常常需要判断两个文档是否相似。在问答系统中，通常会准备一些经典问题和对应的答案，当用户的问题和经典问题很相似时，系统直接返回准备好的答案；在对文本进行预处理时，需要基于文本的相似度，把重复的文本挑出来删除。文本相似度是一个非常有用的指标，可以帮助解决很多问题。常用的文本相似度算法有欧氏距离、曼哈顿距离、编辑距离、杰卡德相似度、余弦相似度和哈罗距离等。

1. 欧氏距离

假设有两个数值向量 $A=(a_1,a_2,\cdots,a_i,\cdots,a_n)$ 和 $B=(b_1,b_2,\cdots,b_i,\cdots,b_n)$，表示两个实例在欧氏空间中的位置，则欧氏距离的定义为

$$d = \sqrt[2]{(A-B)\times(A-B)^{\mathrm{T}}} = \sqrt[2]{\sum_{i=1}^{n}(a_i-b_i)^2} \tag{3-3}$$

若需要计算两个文本向量间的相似度，则 d 表示欧氏距离，A 和 B 表示两个文本向量，a_i、b_i 分别表示需要计算相似度的两个文本向量中对应位置的元素。

例如，计算"乡村振兴"和"乡村发展旅游业"之间的欧氏距离，具体计算过程如下。

（1）文本向量 $A=(乡,村,振,兴)$，即 $a_1=乡$，$a_2=村$，$a_3=振$，$a_4=兴$，a_5、a_6、a_7 均为空；文本向量 $B=(乡,村,发,展,旅,游,业)$，即 $b_1=乡$，$b_2=村$，$b_3=发$，$b_4=展$，$b_5=旅$，$b_6=游$，$b_7=业$。

（2）规定当 $a_i=b_i$ 时，$a_i-b_i=0$；当 $a_i \neq b_i$ 时，$a_i-b_i=1$。

由此可得到文本向量 A 和 B 的欧氏距离为

$$d=\sqrt[2]{0^2+0^2+1^2+1^2+1^2+1^2+1^2}=\sqrt{5}$$

欧氏距离主要的适用场景为编码检测，只有两串编码完全一致时，才能通过检测，如果编码中有一个移位或一个错字，可能会造成较大的差异。

2. 曼哈顿距离

曼哈顿距离的计算公式与欧氏距离的计算公式非常相似，相较于欧氏距离，曼哈顿距离的计算公式将平方换成了绝对值，并去除了根号，其定义公式为

$$d=\sum_{i=1}^{n}|a_i-b_i| \tag{3-4}$$

例如，计算"乡村振兴"和"乡村发展旅游业"之间的曼哈顿距离，具体计算过程如下。

（1）文本向量 $A=(乡,村,振,兴)$，即 $a_1=乡$，$a_2=村$，$a_3=振$，$a_4=兴$，a_5、a_6、a_7 均为空；文本向量 $B=(乡,村,发,展,旅,游,业)$，即 $b_1=乡$，$b_2=村$，$b_3=发$，$b_4=展$，$b_5=旅$，$b_6=游$，$b_7=业$。

（2）规定当 $a_i=b_i$ 时，$a_i-b_i=0$；当 $a_i \neq b_i$ 时，$a_i-b_i=1$。

由此可得到文本向量 A 和 B 的曼哈顿距离为

$$d=0+0+1+1+1+1+1=5$$

曼哈顿距离的适用场景与欧氏距离类似。

3. 编辑距离

编辑距离又称莱文斯坦（Levenshtein）距离，指的是将文本 A 转换成文本 B 需要的最少改动次数，且每次只能增加、删除或修改一个字。

例如，计算"乡村振兴"和"乡村发展旅游业"之间的编辑距离，具体计算过程如下。

（1）将"乡村振兴"删除"兴"变成"乡村振"。

（2）将"乡村振"删除"振"变成"乡村"。

（3）将"乡村"增加"发"变成"乡村发"。

（4）将"乡村发"增加"展"变成"乡村发展"。

（5）将"乡村发展"增加"旅"变成"乡村发展旅"。

（6）将"乡村发展旅"增加"游"变成"乡村发展旅游"。

（7）将"乡村发展旅游"增加"业"变成"乡村发展旅游业"。

由此可以看出，将"乡村振兴"转换成"乡村发展旅游业"至少需要 7 次改动，所以，"乡村振兴"和"乡村发展旅游业"的编辑距离是 7。

编辑距离是对称的，即将文本 A 转换成文本 B 的最小变动次数和将文本 B 转换成文本 A 的最小变动次数是相等的。

编辑距离适用于拼写检查、判断 DNA 相似度等场景中。

4. 杰卡德相似度

杰卡德相似度的计算方式是用文本 A 与文本 B 相交的字数除以二者并集中的字数，如式（3-5）所示。

$$J(A,B)=\frac{|A\cap B|}{|A\cup B|} \quad (3\text{-}5)$$

杰卡德相似度的距离定义为

$$d_j(A,B)=1-\frac{|A\cap B|}{|A\cup B|} \quad (3\text{-}6)$$

例如，计算文本 A "乡村振兴"和文本 B "乡村发展旅游业"的杰卡德相似度，文本 A 和文本 B 的交集为{乡,村}，并集为{乡,村,振,兴,发,展,旅,游,业}，所以杰卡德相似度为

$$J(A,B)=\frac{2}{9}$$

杰卡德相似度与文本的位置、顺序均无关。只是在某些情况下，会先将文本分词，再对分词结果计算相似度。杰卡德相似度主要适用于对字或词的顺序不敏感的文本，不适用于重复字符较多的文本和对顺序很敏感的文本。

5. 余弦相似度

余弦相似度通过计算两个向量夹角的余弦值来衡量它们的相似度，即假设空间中有两个向量 $\boldsymbol{A}$ 和 $\boldsymbol{B}$，$\boldsymbol{A}=(a_1,a_2,\cdots,a_i,\cdots,a_n)$ 和 $\boldsymbol{B}=(b_1,b_2,\cdots,b_i,\cdots,b_n)$，则 $\boldsymbol{A}$ 和 $\boldsymbol{B}$ 的余弦相似度定义为

$$\cos\theta=\frac{\boldsymbol{A}\cdot\boldsymbol{B}}{|\boldsymbol{A}|\times|\boldsymbol{B}|}=\frac{\sum_{i=1}^{n}(a_i\times b_i)}{\sqrt{\sum_{i=1}^{n}(a_i)^2}\times\sqrt{\sum_{i=1}^{n}(b_i)^2}} \quad (3\text{-}7)$$

例如，计算文本 A "乡村振兴"和文本 B "乡村发展旅游业"的余弦相似度，具体计算过程如下。

（1）文本 A 和文本 B 的并集为{乡,村,振,兴,发,展,旅,游,业}，共 9 个字。

（2）根据并集中每个字在文本 A 和文本 B 中出现的次数可得 $a_1=1$，$a_2=1$，$a_3=1$，$a_4=1$，$a_5=0$，$a_6=0$，$a_7=0$，$a_8=0$，$a_9=0$；$b_1=1$，$b_2=1$，$b_3=0$，$b_4=0$，$b_5=1$，$b_6=1$，$b_7=1$，$b_8=1$，$b_9=1$，即 $A=(1,1,1,1,0,0,0,0,0)$，$B=(1,1,0,0,1,1,1,1,1)$。

（3）将 A 和 B 代入式（3-7）中，可得

$$\cos\theta=\frac{1+1+0+0+0+0+0+0+0}{\sqrt{1+1+1+1+0+0+0+0+0}\times\sqrt{1+1+0+0+1+1+1+1+1}}=\frac{1}{\sqrt{7}}$$

余弦相似度和杰卡德相似度虽然计算方式差异较大，但性质很类似，都与文本的并集高度相关，所以它们的适用场景也类似。余弦相似度与杰卡德相似度的不同之处在于余弦相似度考虑到了文本的频次。

6. 哈罗距离

哈罗距离的定义为

$$d=\frac{1}{3}\left(\frac{m}{|S_1|}+\frac{m}{|S_2|}+\frac{m-t}{m}\right) \tag{3-8}$$

其中，m 表示两个文本相互匹配的字符数量；$|S_1|$ 和 $|S_2|$ 表示两个文本的长度（字符数量）；t 表示换位数量。

例如，计算文本 A "乡村振兴"和文本 B "乡村发展旅游业"的哈罗距离，具体计算过程如下。

（1）文本 A 和文本 B 相互匹配的字符为{乡,村}，共两个字符，即 $m=2$；文本 A 和文本 B 的长度分别为 4 和 7，即 $|S_1|=4$，$|S_2|=7$；由于文本 A 和文本 B 相互匹配的字符位置一样，所以换位数量为 0，即 $t=0$。

（2）由此可得到文本 A 和文本 B 的哈罗距离为

$$d=\frac{1}{3}\left(\frac{2}{4}+\frac{2}{7}+1\right)=\frac{25}{42}$$

哈罗距离适用于对位置、顺序敏感的文本。

3.1.5 文本相似度算法实现

文本相似度的计算可以通过 scikit-learn 库实现。下面将介绍基于余弦相似度和欧氏距离两种算法计算文本相似度的具体操作过程。

余弦相似度可通过调用 scikit-learn 库的 cosine_similarity() 函数进行计算，其语法格式如下。

```
cosine_similarity(X, Y=None, dense_output=True)
```

cosine_similarity() 函数的常用参数及其说明如表 3-7 所示。

表 3-7 cosine_similarity()函数的常用参数及其说明

参数名称	说明
X	接收 str。表示输入文本。无默认值
Y	接收 str。表示输入文本。无默认值
dense_output	接收 bool。表示是否返回密集矩阵。默认为 True

欧氏距离可通过调用 scikit-learn 库的 euclidean_distances()函数进行计算,其语法格式如下。

euclidean_distances(X, Y=None, Y_norm_squared=None, squared=False)

euclidean_distances()函数的常用参数及其说明如表 3-8 所示。

表 3-8 euclidean_distances()函数的常用参数及其说明

参数名称	说明
X	接收 str。表示输入文本。无默认值
Y	接收 str。表示输入文本。无默认值
Y_norm_squared	接收 int。表示输入数据的平方和。无默认值
squared	接收 bool。表示是否返回欧氏距离的平方。默认为 False

现以文本"多样生态系统构建五彩生态画卷,神州大地处处'生'机勃勃。"和"丰富生态系统描绘斑斓生态图景,神州大地处处呈现'生'机盎然。"为例,计算两个文本的余弦相似度和欧氏距离,如代码 3-3 所示。

代码 3-3 余弦相似度和欧氏距离的计算

```
from sklearn.feature_extraction.text import TfidfVectorizer
from sklearn.metrics.pairwise import cosine_similarity, euclidean_distances
# 文本输入
text1 = "多样生态系统构建五彩生态画卷,神州大地处处"生"机勃勃。"
text2 = "丰富生态系统描绘斑斓生态图景,神州大地处处呈现"生"机盎然。"
# 初始化
vectorizer = TfidfVectorizer()
# 文本向量化
vectorized_text1 = vectorizer.fit_transform([text1])
vectorized_text2 = vectorizer.transform([text2])
# 计算余弦相似度
cosine_similarity_score = cosine_similarity(vectorized_text1, vectorized_text2)[0][0]
# 计算欧氏距离
euclidean_distance = euclidean_distances(vectorized_text1, vectorized_text2)[0][0]
# 输出结果
print(f"余弦相似度: {cosine_similarity_score:.2f}")
print(f"欧氏距离: {euclidean_distance:.2f}")
```

代码 3-3 的运行结果如下。

```
余弦相似度：0.00
欧氏距离：1.00
```

运行结果展示了两个文本的余弦相似度为 0.00，欧氏距离为 1.00。

3.2 文本分析简介

文本分析又称文本挖掘，是一种从文本数据中提取有用信息的技术，通过自然语言处理、机器学习和数据挖掘等方法，对文本数据进行结构化和语义化的分析，以揭示其中的潜在模式、趋势和关系。文本分析可以帮助人们从大量的文本数据中获取有用的结构化信息，并为各种任务提供支持，如情感分析、文本分类、关键词提取、命名实体识别等。

3.2.1 结构化分析

结构化分析是对结构化数据进行深入理解和分析的过程，常见类型包括数据分类、数据聚类、关联规则挖掘和预测建模等。

文本向量的结构化分析是一种将无序和非结构化的自然语言文本转换为结构化表示形式的技术。通过将文本数据转换为向量表示，可以将传统的文本处理任务，如分类、聚类和匹配等转换为基于向量空间的数学运算，从而更容易地进行计算和分析。常见的文本结构化分析类型有分词、词性标注、命名实体识别、句法分析和语篇分析。

1. 分词

分词是将连续的文本划分成单个且有意义的词语单元，主要用于处理中文文本。分词的内容主要包括以下四方面。

（1）单词划分：将连续的文本划分为单个的词语单元。

（2）停用词去除：排除常见的无意义词语，如介词、连词等，提高分词结果的准确性和质量。

（3）词语归一化：对于同义词以及词态和词形的变化进行归一化处理，提高文本的一致性。

（4）分词结果标注：给每个词语单元标注其在原文本中的位置。

分词的作用是为后续的文本处理任务提供基本的词语单元，如词频统计、关键词提取和情感分析等。

2. 词性标注

词性标注是为每个分词后的词语单元标注其词性。词性标注的内容主要包括以下三方面。

（1）词性定义：确定不同的词性类别及其含义，如名词、动词、形容词等。

（2）词性归类：将分词后的词语单元分配到不同的词性类别中并进行标注，如对动词进行动词词性标注。

（3）词性标注模型建立：构建机器学习模型或采用基于规则的方法，对分词后的词语单元进行自动标注。

词性标注的作用是对每个词语单元进行语法和语义上的分类，为后续的句法分析和语义分析提供基础。

3. 命名实体识别

命名实体识别是自然语言处理序列标注任务的一种，是指从输入文本中识别出有特定意义或指代性强的实体，是机器翻译、知识图谱、关系抽取、问答系统等的基础。命名实体从学术上通常分为三大类和七小类，三大类指实体类、时间类、数字类，七小类指人名、地名、组织机构名、时间、日期、货币、百分比。语言具有语法，语料遵循一定的语法结构，所以条件随机场、隐马尔可夫模型和最大熵马尔可夫模型等概率图模型被用来分析标签转移概率，深度学习模型一般会加上条件随机场层来进行句子级别的标签预测。

4. 句法分析

句法分析也是自然语言处理中的基础性工作，它分析句子的句法结构（主谓宾结构）和词与词之间的依存关系（并列、从属等）。通过句法分析，可以为语义分析、情感倾向、观点抽取等自然语言处理应用场景打下坚实的基础。

通过句法结构分析，能够识别句子中的主、谓、宾、定、状、补等成分，并分析各成分之间的关系。对于复杂语句，仅通过词性分析，不能得到正确的语句成分关系。

5. 语篇分析

语篇分析是对文本的整体结构和关系进行分析，主要关注句子之间的逻辑关系和上下文的语义。语篇分析的内容主要包括以下三方面。

（1）句子边界检测：确定文本中的句子起始和结束的位置。

（2）句子关联关系分析：分析句子之间的因果关系、逻辑关系、转折关系等。

（3）上下文语义理解：通过推断和关联，理解句子中的指代关系、补全信息等。

语篇分析的作用是对文本的结构和语义进行整体分析，帮助理解文本的上下文信息、隐含语义和逻辑关系。

3.2.2 语义化分析

语义化分析是对文本进行语义层面的分析,关注文本的意义和语义关联。语义化分析的主要作用是更深层次地理解文本的含义和语义关系,有助于理解文本的意图和情感。它可以用于问答系统、文本分类、情感分析和知识图谱构建等任务。下面将介绍语义化分析的五个常见类型。

1. 情感分析

情感分析又称观点挖掘,该任务的目的是从文本中研究人们对实体及其属性所表达的观点、情绪、情感、评价和态度。这些实体可以是各种产品、机构、服务、个人、事件、问题或主题等。情感分析包括很多研究任务,如观点信息抽取、情感挖掘、主观性分析、倾向性分析、情绪分析以及评论挖掘等。基于所处理文本的颗粒度,情感分析可以分成三个级别:篇章级、句子级和属性级。研究情感分析的方法有很多种,如情感词典匹配规则、传统机器学习、深度学习等。

2. 文本分类

文本分类与情感分析是自然语言处理中两个相关但不完全相同的任务。文本分类侧重于将文本数据整理成不同的类别,情感分析则更侧重于分析文本中的情感或情绪倾向。

文本分类的应用包括辨别垃圾信息或恶意评论、对文章进行政治倾向分类等。文本分类的方法有很多种,如传统机器学习的逻辑回归、支持向量机、贝叶斯分类模型、主题模型,再如深度学习的 FastText、基于 CNN/RNN 的分类模型,以及基于预训练模型的 BERT、ELMo、GPT、ULMFiT 等。

3. 文本聚类

文本聚类是将相似的文本分组到同一类别或群组。在语义化分析中,文本聚类的内容主要包括以下三方面。

(1)特征提取:从文本中提取出表达文本含义的特征,如词向量、词频、TF-IDF 值等。

(2)相似度度量:计算文本之间的相似度,常见的度量方法有余弦相似度、欧式距离等。

(3)聚类算法:将文本根据相似度进行分组,常用的聚类算法有 K-means 算法、层次聚类算法等。

文本聚类的作用是将相似的文本聚合到一起,便于后续信息检索、文本分类和信息抽取等任务的完成。

4. 问答系统

问答系统是能够针对用户提出的问题给出准确答案或相关信息的系统。在语义化分析中，问答系统的内容主要包括以下三方面。

（1）问题理解：对用户的问题进行自然语言理解，并转化为机器可识别的形式。

（2）信息检索：根据问题中的关键词或句子，从数据库或网络中检索相关信息。

（3）答案生成：根据问题和检索到的信息，生成准确和合理的答案。

问答系统的目标是实现机器对自然语言问题的理解和准确回答，可以应用于智能助手、知识库问答和在线客服等场景。

5. 主题分析

主题分析是一种文本分析技术，旨在从文本数据中提取出隐藏在其中的主题信息。主题分析的目标是将文本聚类成一组具有相关主题的文档集合，从而揭示文本的主题结构和潜在语义。主题分析的内容主要包括以下四方面。

（1）主题模型：主题模型是一种数学模型，能够从大量文本中推断出一组主题，并确定每个文档中的主题分布。最常用的主题模型是潜在狄利克雷分配（Latent Dirichlet Allocation，LDA）模型，它在文本分析领域被广泛应用。

（2）文本预处理：为了能够有效地进行主题分析，需要对文本进行预处理，如分词、去除停用词、词干化或词形还原等。这些预处理步骤有助于提取出文本中有意义的信息，减少噪声对主题分析的干扰。

（3）特征提取：主题分析通常利用词频、TF-IDF 值或词嵌入等提取文本的特征向量。这些特征向量将文本转换为数值表示，便于后续的聚类或分类分析。

（4）聚类分析：基于提取的特征向量，可以使用聚类算法（如 K-means 算法、层次聚类算法等）将文本进行聚类，将具有相似主题的文档放在一组。聚类的结果可以帮助理解文本的整体结构并发现潜在的主题。

3.3 文本分析常用算法

在文本分析中，算法的选择是一个尤为关键的影响因素。文本分析的常用算法主要分为两大类：机器学习算法和深度学习算法。这两类算法在文本分析中各有其独特的作用和优势。

3.3.1 常用机器学习算法

机器学习算法需要手工提取特征或构建特征工程来表示文本，如 BOW 模型、TF-IDF

算法等，这些特征表示在机器学习过程中起到了关键作用。机器学习算法在自然语言处理中通常通过监督学习来进行训练和预测，需要大量标记好的数据。文本分析中常用的机器学习算法包括朴素贝叶斯、支持向量机、决策树、随机森林（Random Forest）和 K-means 算法等。

1. 朴素贝叶斯

朴素贝叶斯是一种基于贝叶斯定理的分类算法，假设所有特征之间是相互独立的。朴素贝叶斯是分类器中最常用的一种生成式模型，基于贝叶斯定理将联合概率转换为条件概率，利用特征条件及独立假设简化条件的概率进行计算。贝叶斯算法核心为

$$P(A|B) = \frac{P(B|A)P(A)}{P(B)} \quad (3\text{-}9)$$

其中，$P(A)$ 为事件 A 发生的概率；$P(B)$ 为事件 B 发生的概率；$P(A|B)$ 为事件 B 发生的条件下 A 发生的概率；$P(B|A)$ 为事件 A 发生的条件下 B 发生的概率。

朴素贝叶斯的流程图如图 3-5 所示，主要包括以下步骤。

（1）计算先验概率：计算训练集中每个类别出现的次数，并计算每个类别的概率。

（2）计算条件概率：计算训练集中每个类别下第 i 维特征的第 i 个取值出现的次数，然后计算每个条件概率。

（3）计算特征概率：将待分类项的特征值代入条件概率公式，计算出待分类项在每个类别下的特征概率。

（4）选择特征概率最大的类别作为待分类项的类别。

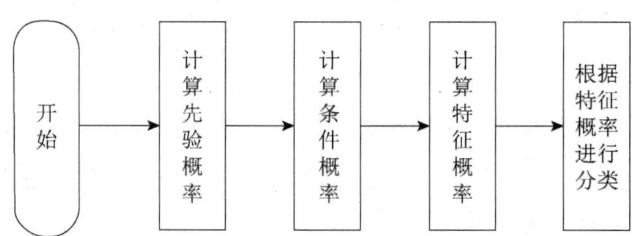

图 3-5　朴素贝叶斯的流程图

2. 支持向量机

支持向量机（Support Vector Machine，SVM）是一种基于统计学习理论的分类和回归算法。它通过在样本空间中构造一个最优划分超平面来实现分类，最大化分类边界与最近训练样本的距离。

对于给定数据集 $D = \{(\boldsymbol{x}_1, y_1), (\boldsymbol{x}_2, y_2), \cdots, (\boldsymbol{x}_n, y_n)\}$，$y_i \in [-1, +1]$，支持向量机的思想是在样本空间中找到一个最优划分超平面，将不同类别的样本分开。能将数据集分开的划分超平面可能有很多，如图 3-6 所示，可以直观地看出应该选择位于两类样本"正中间"的划分超平

面，即图 3-6 中加粗的划分超平面，因为该划分超平面对训练样本的鲁棒性是最强的。

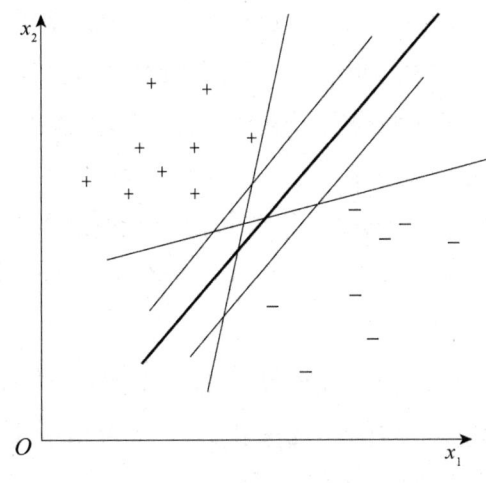

图 3-6　支持向量机超平面划分

在样本空间中，划分超平面可通过线性方程来描述，如式（3-10）所示。

$$\boldsymbol{\omega}^\mathrm{T}\boldsymbol{x}+b=0 \qquad (3\text{-}10)$$

其中，$\boldsymbol{\omega}=(\omega_1;\omega_2;\cdots;\omega_m)$ 为法向量，决定了划分超平面的方向；b 为位移项，决定了划分超平面与原点之间的距离。

支持向量机的流程图如图 3-7 所示，主要包括以下步骤。

（1）选择与目标变量相关性高的特征，并对特征进行归一化或标准化等处理。

（2）使用合适的核函数将数据映射到高维空间中。常用的核函数包括线性核、多项式核和径向基函数核等。

（3）在高维空间中寻找一个最优划分超平面，使得各类数据点到该划分超平面的距离最大。

（4）使用学习到的模型对新的样本进行分类。

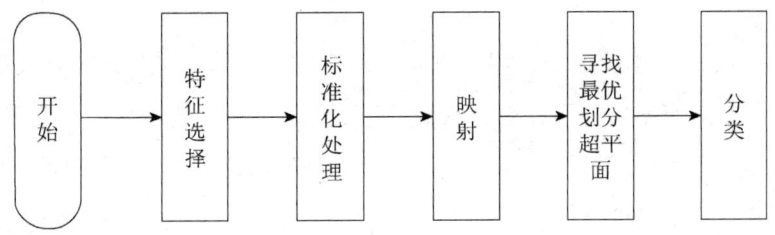

图 3-7　支持向量机的流程图

3. 决策树

决策树是一种基于条件判断的分类算法。通过建立树状结构，将数据集划分为不同的子集，选择最优划分特征，直到达到预定的终止条件。

决策树是数据反复分组的图形化体现，也是推理规则的图形化展示。决策树中的每个节点都对应一条推理规则，决策树基于叶节点的推理规则实现对新数据的分类预测。对于观测样本 X_0，只需从根节点开始依次根据输入变量取值，沿着决策树的不同分支遍历，直到到达样本量等于 n 的叶节点。其计算公式为

$$\hat{y}_0 = \mathrm{argmax}(n_{y1}, n_{y2}, \cdots, n_{yk})　　　　（3-11）$$

其中，$\hat{y}_0$ 表示观测样本 X_0 的类别值；n_{yk} 表示观测样本 X_0 在每一个叶节点的类别值。

决策树的构造示意图如图 3-8 所示，包括以下步骤。

（1）选择一个特征作为根节点，根据该特征将数据集划分为不同的子集。

（2）对于每个子集，重复步骤（1），选择最优的特征来划分子集，直到满足某个终止条件（如子集中的样本属于同一类别或达到树的最大深度）。

（3）重复步骤（1）和步骤（2）划分子集的过程，最终形成完整的决策树。

（4）使用决策树对新样本进行分类，从根节点开始根据判断条件逐步向下遍历，直到到达叶节点，最终将样本分类到对应的类别。

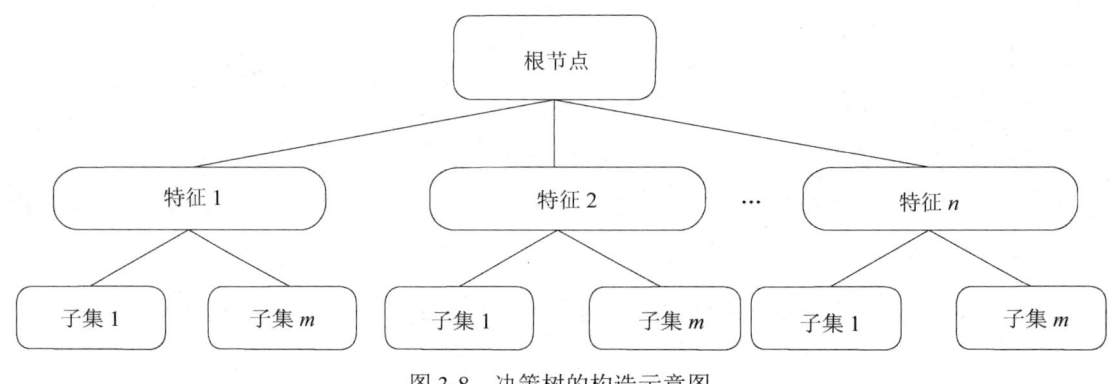

图 3-8　决策树的构造示意图

4. 随机森林

随机森林是一种组合预测模型，随机建立一片森林，森林中包含众多有较高预测精度但弱相关甚至不相关的决策树，并形成组合预测模型，共同参与对新观测输出变量取值的预测。

随机森林的随机性表现在两个方面：第一，训练样本是从原始样本中重复随机选择的，即训练样本具有随机性；第二，在每棵决策树的建立过程中，每个节点的分裂属性集合是随机选择确定的。

随机森林构建变量子集的常见方式有如下两种。

（1）随机选择输入变量。随机选择 k 个输入变量进入候选变量子集，依据变量子集建立一棵充分生长的决策树，无须剪枝以减少预测偏差。

（2）随机组合输入变量。随机选择 L 个输入变量 x 并生成 L 个服从均匀分布的随机数 a，其线性组合如式（3-12）所示。

$$v_j = \sum_{i=1}^{L} a_i x_i, \quad a_i \in [-1,1] \tag{3-12}$$

重复得到 k 个由新变量 v 组成的输入变量子集，依据变量子集建立一棵充分生长的决策树，且无须剪枝。

假设训练集 T 的大小为 N，特征数目为 M，随机森林的大小为 K，随机森林的流程图如图 3-9 所示，主要包括以下步骤。

（1）从训练集 T 中以有放回抽样的方式取样 N 次，形成一个新的训练集 D。

（2）随机选择 m 个特征，其中 $m < M$。

（3）使用新的训练集 D 和 m 个特征，建立一个完整的决策树。

（4）得到随机森林。

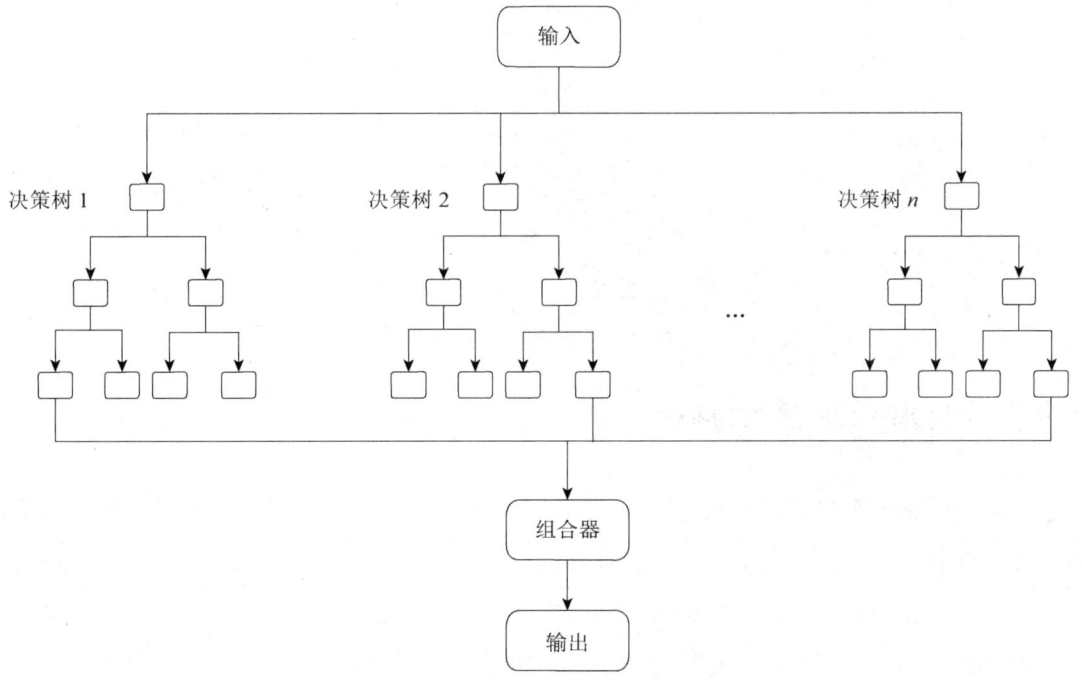

图 3-9　随机森林的流程图

5. K-means 算法

K-means 算法是一种无监督的聚类算法，其目的是将 n 个数据点分为 K 个类。每个类都有一个质心，这些质心最小化了其内部数据点与质心之间的距离。K-means 算法的基本思想是通过迭代寻找 K 个类的划分方案，使得聚类结果对应的代价函数最小。

K-means 算法的流程图如图 3-10 所示，主要包括以下步骤。

（1）指定聚类数目 K。

（2）确定 K 个小类的初始质心。

（3）根据最近原则进行聚类。依次计算每个样本观测点到 K 个小类质心的距离，并按照距 K 个小类质心最近的原则，将所有样本观测点分配到距离最近的小类中，形成 K 个小类。

（4）重新计算 K 个小类的质心。

（5）判断是否满足终止聚类算法的条件（迭代次数或小类质心偏移程度）。如果没有满足则重复步骤（3）和步骤（4）直至满足迭代终止条件。

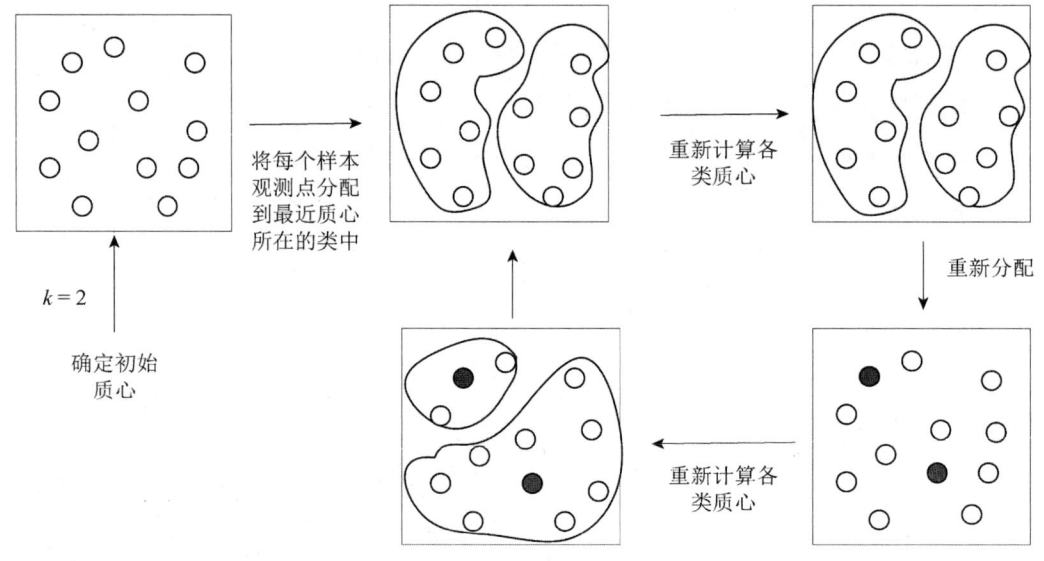

图 3-10 K-means 算法的流程图

3.3.2 常用深度学习算法

深度学习算法在自然语言处理中取得了重大突破，这些算法通过构建深层神经网络模型，可以自动学习文本数据中的复杂特征和语义表示，提高了自然语言处理任务的性能。

深度学习算法可以直接从原始文本数据中学习，不需要手工提取特征，这极大地简化了自然语言处理流程。深度学习尤其适用于序列建模任务，如文本分类、命名实体识别、机器翻译、文本生成等。常用的深度学习算法包括卷积神经网络、循环神经网络、注意力机制和 Transformer 等。

1. 卷积神经网络

卷积神经网络（Convolutional Neural Networks，CNN）是包含卷积计算且具有深度结构的前馈神经网络，是深度学习的代表算法之一。

卷积神经网络是一种多层的监督学习神经网络，隐藏层的卷积层和池化层是实现卷积神经网络特征提取功能的核心模块。该网络模型通过梯度下降法最小化损失函数，从而对网络中的权重参数逐层反向调节，通过频繁的迭代训练提高网络的精度。卷积神经网络主要包括输入层、卷积层、池化层、全连接层、输出层等模块，最后一层的输出层是一个分类器，可以采用逻辑回归、Softmax 回归或支持向量机对输入进行分类。经典的卷积神经网络 LeNet-5 的结构图如图 3-11 所示。

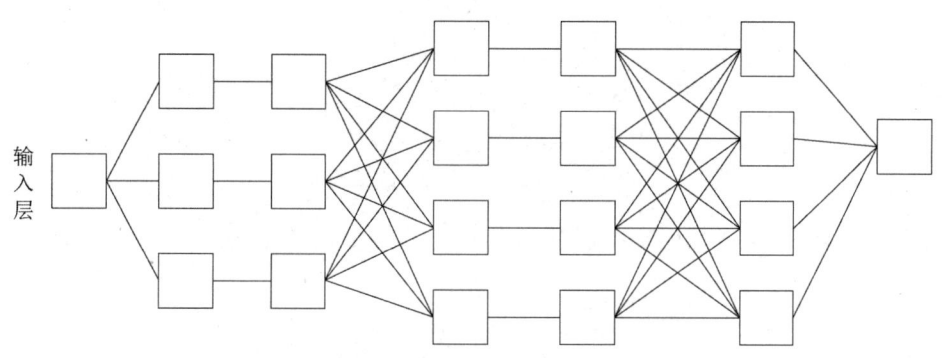

图 3-11 卷积神经网络 LeNet-5 的结构图

卷积神经网络适用于文本分类和信息抽取等任务，其具体算法及其描述如表 3-9 所示。

表 3-9 卷积神经网络的具体算法及其描述

算法	描述
TextCNN	使用卷积层进行文本分类的卷积神经网络模型，可用于对文本进行分类、情感分析等任务
DCNN	扩张卷积（或空洞卷积）的卷积神经网络模型，可用于对文本进行分类、情感分析、文本摘要、机器翻译等任务
VDCNN	深度卷积神经网络模型，可用于对文本进行精细分类
GCNN	应用于图数据分析的卷积神经网络模型，可用于处理非结构化数据和关系型数据，如社交网络、推荐系统等
TCN	应用于时间序列数据的卷积神经网络模型，可用于序列标注、语音识别等任务

2. 循环神经网络

循环神经网络（Recurrent Neural Network，RNN）是一类具有反馈连接的神经网络，特别适合处理序列数据，如自然语言文本。与传统的前馈神经网络不同，循环神经网络在处理序列数据时可以捕捉到数据之间的时序信息。

在循环神经网络中，每个时间步可以看作网络的一个循环单元，它接收输入和前一个时间步的隐藏状态，并输出当前时间步的隐藏状态。这种循环结构使得网络在处理长序列数据时，能够记忆之前的信息并在后续时间步中进行参考。循环神经网络的结构图如图 3-12 所示。

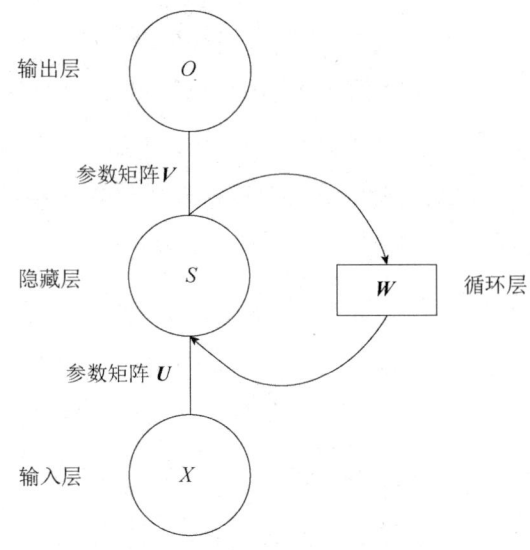

图 3-12 循环神经网络的结构图

按照时间线将图 3-12 的循环层展开可得如图 3-13 所示的结构图。

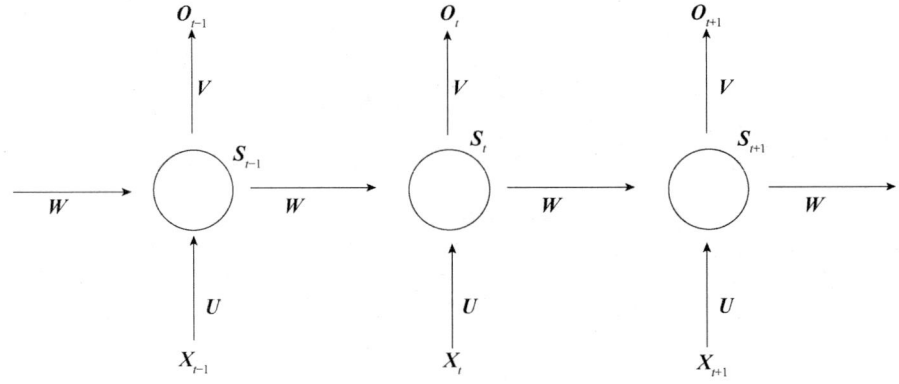

图 3-13 循环层展开结构图

循环神经网络适用于自然语言处理的文本生成、机器翻译和情感分析等任务，其具体算法及其描述如表 3-10 所示。

表 3-10 循环神经网络的具体算法及其描述

算法	描述
Simple RNN	简单循环神经网络，可用于词性标注、情感分析等
LSTM	长短期记忆网络，可用于命名实体识别、情感分析、机器翻译等
GRU	门控循环单元，可用于词性标注、情感分析、自动摘要等
BRNN	双向循环神经网络，可用于命名实体识别、句法分析等

3. 注意力机制

注意力机制（Attention Mechanism）的提出影响了基于深度学习算法的许多人工智能应

用的发展，如自然语言处理、图像检测、语音识别等。

注意力机制是一种让模型重点关注关键信息并提取其特征用于学习分析的策略。最早将注意力机制引进自然语言处理领域的是机器翻译等基于 Encoder-Decoder 框架的场景。Encoder-Decoder 框架的主要作用是将可变长度的输入序列编码成一个固定长度的向量，然后将固定长度的向量解码成一个可变长度的输出序列。Encoder-Decoder 框架的结构图如图 3-14 所示。

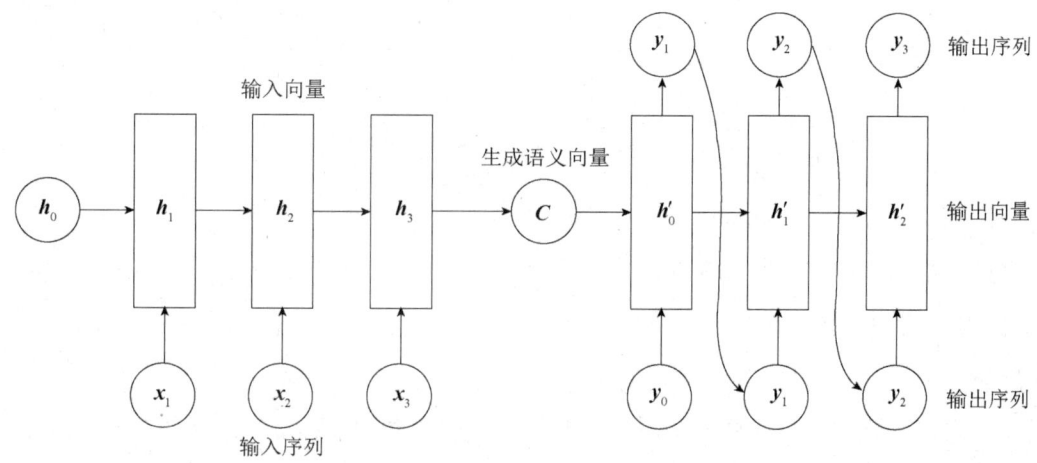

图 3-14　Encoder-Decoder 框架的结构图

传统的 Encoder-Decoder 框架存在一个问题，即一些与当前任务无关的信息都会被编码器强制编码进去，尤其当输入序列很长或信息量很大时，进行选择性编码不是 Encoder-Decoder 框架所能做到的，然而注意力机制刚好可以解决这一问题。注意力机制最早是为了解决 Seq2Seq 问题的，后来研究者尝试将其应用到情感分析、句对关系判别等其他任务场景，如关注 aspect 的情感分析模型 ATAE LSTM、分析句对关系的 ABCNN 等。

注意力机制是一种信息处理方法，其核心思想是，在处理信息时，先关注重要的信息，忽略其他不太相关的信息。这种方法能够以高权重聚焦重要信息，以低权重忽略不相关的信息，并且可以不断调整权重，使得在不同的情况下也可以选取重要的信息。注意力机制通过允许解码器访问所有编码器产生的输出来克服传统框架的缺点。其原理是，对编码器的所有输出进行加权组合，然后输入到当前位置的解码器中，影响解码器的输出。通过对编码器的输出进行加权，在实现输入与输出对齐的同时还能够利用更多原始数据的上下文信息。注意力机制的网络结构图如图 3-15 所示。

注意力机制的算法可以分为硬注意力（Hard Attention）和软注意力（Soft Attention）。硬注意力在计算过程中明确需要关注哪些元素，软注意力则对所有元素都有一定的关注度，只是关注度不同。

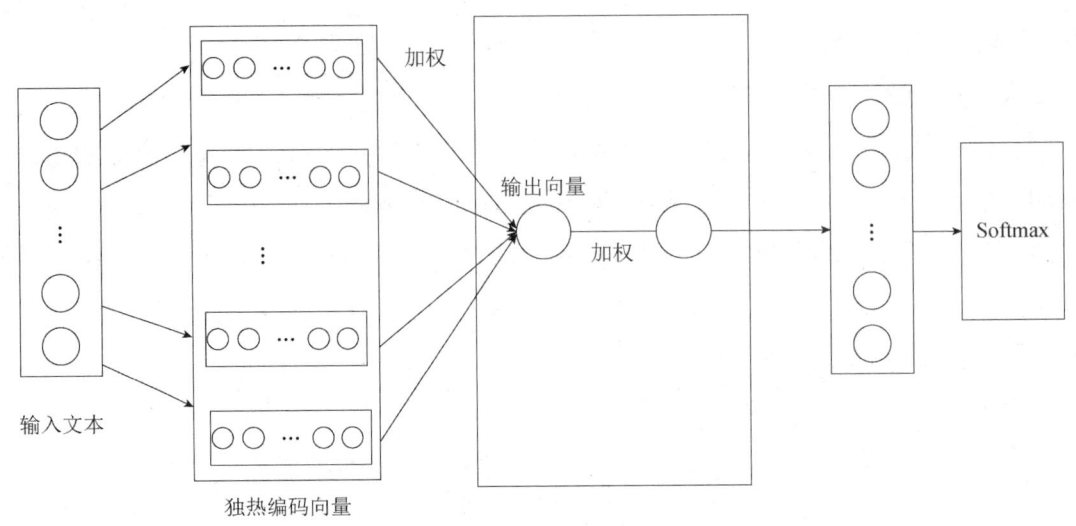

图 3-15 注意力机制的网络结构图

注意力机制的作用主要体现在以下三方面。

（1）提高预测精度：在处理复杂数据时，通过聚焦于重要的信息，可以减少噪声和干扰，从而提高预测的精度。

（2）简化计算：通过忽略一些不重要的信息，可以减少计算量，提高计算效率。

（3）提取关键信息：在处理大量数据时，注意力机制可以帮助快速找到关键信息，从而更好地理解和分析问题。

4. Transformer

Transformer 是一种基于注意力机制的深度学习算法，用于序列数据的处理和生成。Transformer 最初应用于机器翻译领域，由 Google 发布。Transformer 的核心思想是使用多头注意力机制代替传统的循环结构（RNN、LSTM、GRU）来编码序列信息。这种机制允许序列中的每个位置都可以在解码器端上下文有选择地关注一组编码器的位置，而不是像循环结构一样每次仅关注前一个位置。

Transformer 的整体架构分为输入模块、编码器模块、解码器模块和输出模块。输入模块包括源文本嵌入层及其位置编码器、目标文本嵌入层及其位置编码器；编码器模块由 N 个编码器层堆叠而成，每个编码器层由两个子层连接结构组成，第一个子层连接结构包括一个多头自注意力子层、一个规范化层和一个残差连接层，第二个子层连接结构包括一个前馈全连接子层、一个规范化层和一个残差连接层；解码器模块由 N 个解码器层堆叠而成，每个解码器层由三个子层连接结构组成，第一个子层连接结构包括一个多头自注意力子层、一个规范化层和一个残差连接层，第二个子层连接结构包括一个多头注意力子层、一个规范化层和一个残差连接层，第三个子层连接结构包括一个前馈全连接子层、一个规范化层和一个残差连接层；输出模块包括线性层和softmax激活层。

Transformer的整体架构图如图3-16所示。

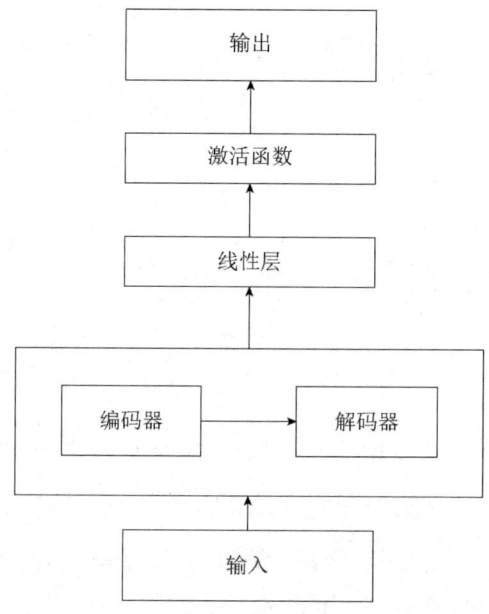

图3-16　Transformer的整体架构图

解码器层和编码器层的结构图如图3-17所示。

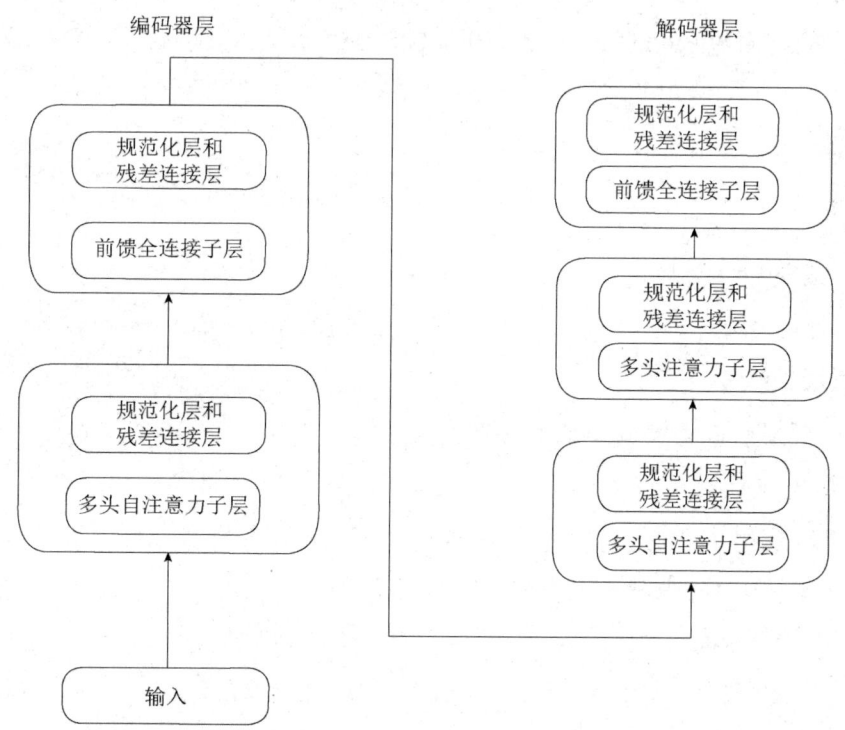

图3-17　编码器层和解码器层的结构图

Transformer 的具体算法及其描述如表 3-11 所示。

表 3-11　Transformer 的具体算法及其描述

算法	描述
Transformer	Transformer 原始版本，可用于机器翻译
GPT	基于 Transformer 的预训练语言模型，可用于自然语言生成任务，如文本生成、问答、机器翻译等
BERT	一种预训练语言模型，可用于自然语言理解任务，如语言模型、文本分类、问答系统、文本摘要等
XLNet	BERT 和 GPT 的结合体，可用于语言模型、文本分类、问答系统、文本摘要等

本章小结

本章首先介绍了文本向量化与相似度的基本概念，以及常用文本向量化方法和文本相似度算法，并演示了文本向量化和文本相似度计算的实现。其中，文本向量化的方法介绍了文本离散化表示和文本分布式表示；文本相似度算法介绍了欧氏距离、曼哈顿距离、编辑距离、杰卡德相似度、余弦相似度和哈罗距离。接着从结构化和语义化两方面分别介绍了文本分析的方法。最后从机器学习和深度学习两方面介绍了文本分析的常用算法。其中，机器学习算法介绍了朴素贝叶斯、支持向量机、决策树、随机森林和 K-means 算法，深度学习算法介绍了卷积神经网络、循环神经网络、注意力机制和 Transformer。

课后习题

1. 选择题

（1）下列不是文本离散化表示的是（　　）。

  A. 独热表示　　　　　　　　　　B. BOW 模型

  C. DM 模型　　　　　　　　　　D. TF-IDF 表示

（2）下列模型中属于 Word2Vec 模型的是（　　）。

  A. CBOW 模型　　　　　　　　　B. Doc2Vec 模型

  C. DM 模型　　　　　　　　　　D. Skip 模型

（3）以下算法中不是常用的文本相似度算法的是（　　）。

  A. 曼哈顿距离　　　　　　　　　B. 空间距离

  C. 编辑距离　　　　　　　　　　D. 杰卡德距离

（4）下列不是结构化分析的是（　　）。

A. 主题分析　　　　　　　　　　B. 分词

C. 词性标注　　　　　　　　　　D. 句法分析

（5）下列不是语义化分析的是（　　）。

A. 情感分析　　　　　　　　　　B. 语篇分析

C. 文本聚类　　　　　　　　　　D. 问答系统

（6）下列机器学习算法中用于文本聚类的是（　　）。

A. 朴素贝叶斯　　　　　　　　　B. 决策树

C. 支持向量机　　　　　　　　　D. K-means 算法

（7）以下关于 Word2Vec 模型的描述，错误的是（　　）。

A. CBOW 模型根据上下文可预测目标词的概率分布

B. Skip-Gram 模型根据目标词预测其上下文的概率分布

C. Word2Vec 模型的输入是独热向量

D. Word2Vec 模型只适用于处理小规模语料库

（8）以下关于 Doc2Vec 模型的描述，错误的是（　　）。

A. Doc2Vec 模型是在 Word2Vec 模型的基础上扩展而来的

B. Doc2Vec 模型可以提取文本的语义信息和语序信息

C. Doc2Vec 模型中，DM 模型与 CBOW 模型类似

D. Doc2Vec 模型中，DBOW 模型只能预测段落中随机词的概率分布

（9）以下关于文本分析算法的描述，错误的是（　　）。

A. 机器学习算法需要手工提取特征或构建特征工程来表示文本

B. 深度学习算法可以直接从原始文本数据中学习，不需要手工提取特征

C. 机器学习算法在 NLP 中通常通过监督学习来进行训练和预测

D. 深度学习算法在 NLP 中通常通过无监督学习来进行训练和预测

2. 操作题

（1）请通过 gensim 库分别使用 Word2Vec 模型和 Doc2Vec 模型对"建设农业强国，利器在科技"和"农业强国，科技助力"两个文本进行向量化，给出最终的向量化结果和实现代码。

（2）请使用 euclidean_distances()函数对"建设农业强国，利器在科技"和"农业强国，科技助力"两个文本进行欧氏距离的计算，给出最终的欧氏距离计算结果和实现代码。

实践篇

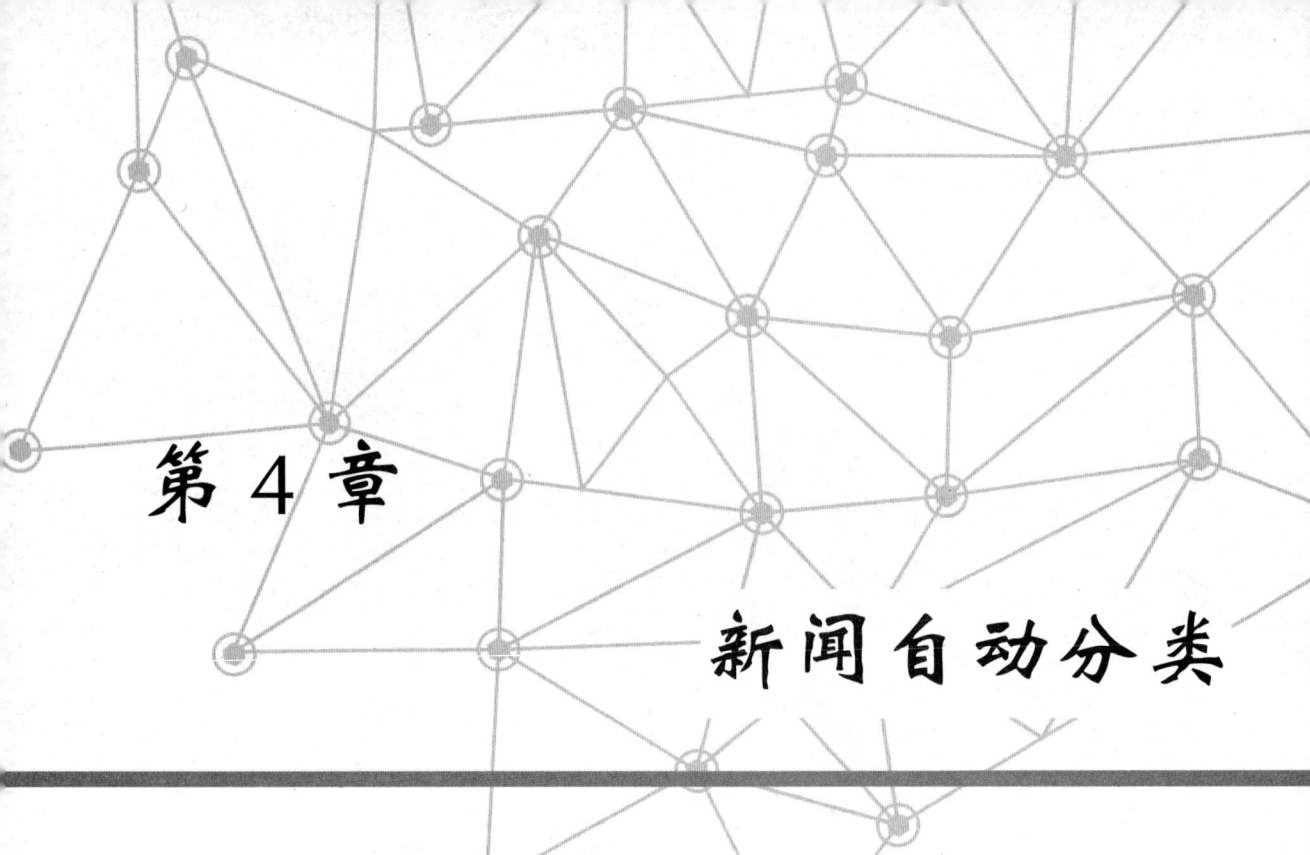

第4章

新闻自动分类

随着经济的不断发展以及互联网技术的稳步提升,新闻在大众群体中的呈现形式已然越来越多样化,且很多新闻在发布时都附带分类好的类别范畴,便于人们在阅读的时候,能够快速地悉知该篇新闻的主题方向,信息化服务也更为快捷与便利。本章使用人民网教育类别的7个栏目(滚动、原创、留学、婴幼儿、中小学、大学、职业教育)下的部分新闻数据,结合机器学习中的支持向量机对滚动与原创栏目中的新闻进行分类,从而实现代替传统人工分类的自动分类,提升新闻分类的效率。

学习目标

(1)了解新闻分类的业务背景、数据说明和分析目标。
(2)掌握数据探索的方法,对数据进行基本的清洗和可视化展示。
(3)掌握文本预处理的方法,对文本进行基础处理和向量化。
(4)熟悉支持向量机,构建模型并进行模型优化。
(5)掌握分类模型的评估方法,对构建的分类模型进行模型评估。

4.1 业务背景与项目目标

4.1.1 业务背景

随着科学技术的不断发展,互联网技术得以快速地发展和普及,并已在各行各业得到了广泛的应用,致使网络上的信息呈现出爆炸式的增长状态,实现了"足不出户,万事皆知",充分体现了互联网新闻给生活带来的时效性与便利性。

新闻作为社会中获取信息的重要方式,仅一个新闻网站中的一个栏目(如人民网下的国际栏目)每天即可产生上百条新闻,而整个人民网每天可以产生成千上万条的新闻,庞大的数据量,加上形式的多样性,对于从事相关新闻分类处理的工作者来说,无疑是一个巨大的挑战。

针对如此海量且复杂的新闻,文本分类便在其中起着至关重要的作用。文本分类可在一定程度上识别出积极与消极的文本内容,为政府机关合理规范并积极引导舆论的发展、防止社会矛盾激化和不良风气的形成提供了十分可行的前行路径。

根据目前的研究情况,可以使用文本分类技术对新闻进行自动分类,无须人工的介入,便可以快速、高效地处理海量的新闻文本数据,不仅可以降低人工的参与程度,为新闻工作者节省了一定的劳动时间,也为新闻的编辑与收录提供了一定的参考意义。通过新闻的分类,可以帮助人们了解实时动态,紧跟时代步伐,享受信息科技时代给生活带来的智能与便捷。

4.1.2 数据说明

本章案例选取的是人民网教育类别的 7 个栏目(滚动、原创、留学、婴幼儿、中小学、大学、职业教育)下的部分新闻数据,即 2019 年 7 月 8 日至 2021 年 2 月 25 日发布的共 1284 条新闻数据。人民网教育新闻数据(教育新闻数据.xlsx)字段说明如表 4-1 所示。

表 4-1 人民网教育新闻数据字段说明

字段名称	说明
栏目名称	新闻所归属的栏目
新闻标题	新闻的标题
发布时间	新闻发布的时间
链接详情	对应的新闻内容链接
新闻内容	新闻的内容

4.1.3 分析目标

如何根据新闻内容所表达的主体方向高效而快速地对新闻进行分类，从而给用户带来阅读新闻的效率与体验感的提升，相信是众多新闻发布平台及用户所共同期待的。本章需要实现的目标如下。

（1）对滚动与原创栏目下的新闻进行快速且详细的分类。

（2）评估分类情况的优劣，并提出更好的分类改进建议。

新闻分类的总体流程如图 4-1 所示，主要步骤如下。

（1）使用 Python "爬虫"获取新闻的原始数据。

（2）对数据进行清洗并分析各栏目下的新闻发布量，对数据进行可视化展示。

（3）对文本进行基础处理、向量化等预处理操作。

（4）构建支持向量机（Support Vector Machine，SVM）模型，对滚动与原创栏目下的新闻进行分类。

（5）根据构建后的模型结果进行模型评估。

（6）根据得到的结果提出更好的改进建议。

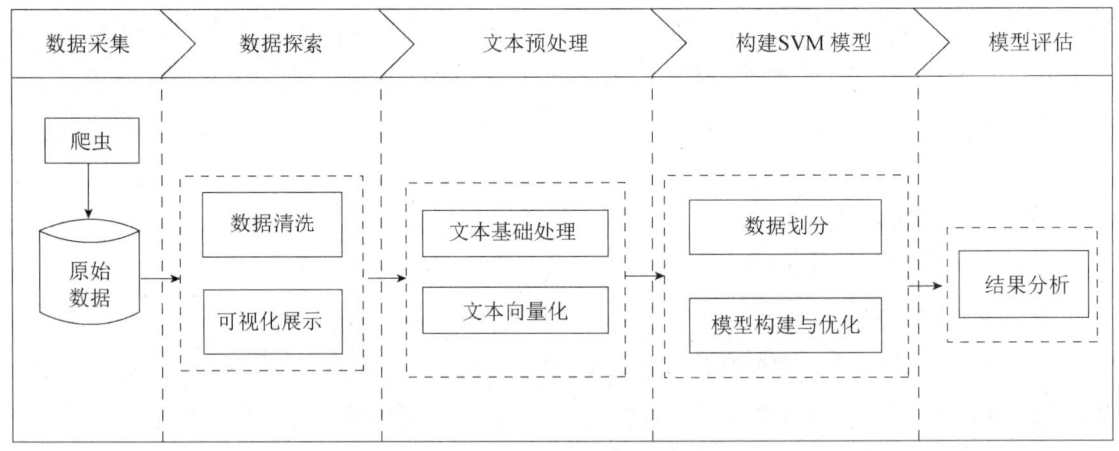

图 4-1 新闻分类的总体流程

4.2 分析方法与过程

由于新闻数据不能直接获取，因此前期需要通过 Python "爬虫"来采集所需的数据，并对爬取下来的数据进行数据探索、文本预处理等操作，其次构建 SVM 模型并对滚动与原创栏目下的新闻重新分类，最后再对模型进行评估，分析模型的性能。

4.2.1 数据采集

使用 Python "爬虫"中的 requests、BeautifulSoup 等常用库对人民网教育类别的页面进行请求与解析,从而对页面中的 7 个栏目(滚动、原创、留学、婴幼儿、中小学、大学、职业教育)下的新闻数据中的 5 个内容(栏目名称、新闻标题、发布时间、链接详情、新闻内容)进行信息爬取,并将爬取到的数据保存至本地文件夹。新闻数据示例如表 4-2 所示。

表 4-2 新闻数据示例

栏目名称	新闻标题	发布时间	链接详情	新闻内容
滚动	北京:临近开学眼科就诊患儿增多	2021-02-25	http://****.html	假期,孩子们刷手机、打游戏……
原创	冯小明院士:探索欲是鼓励科研者……	2021-01-29	http://****.html	每周课题组召开组会时,冯小明……
留学	在英中国留学生:离开校园的第四个月……	2021-01-29	http://****.html	花着昂贵的房租和学费却只能上网课……
婴幼儿	上海市民政局:沪儿童福利机构……	2021-01-22	http://****.html	21 日下午举行的上海市疫情防控工作……
中小学	我的麻辣老师:给期末评语……	2021-02-01	http://****.html	薛磊的评语 1 月 14 日……

注:此处不展示进行数据爬取的过程,相应的实现代码请参考本书的配套资料。

4.2.2 数据探索

为进一步对数据进行分析,查看数据中各字段所反映的具体情况,需要对整体数据进行数据的清洗及可视化展示,包括删除数据中的噪声数据,再分析各栏目新闻的总发布量和各月份新闻发布量等。

1. 数据清洗

对数据进行清洗,包括去除数据中的重复值、缺失值和干扰内容(转义符)等,减少不必要的信息干扰,同时也便于后续对数据进行更深入的探索。数据清洗如代码 4-1 所示。

代码 4-1 数据清洗

```
# 读取数据
import re
import gensim
import jieba
import imageio
import pandas as pd
import numpy as np
import matplotlib.pyplot as plt
import sklearn.model_selection as ms
from sklearn import svm
```

```python
from wordcloud import WordCloud
from sklearn.metrics import confusion_matrix
from sklearn.metrics import recall_score
from sklearn.model_selection import train_test_split
from gensim.models.word2vec import Word2Vec
from sklearn.preprocessing import MinMaxScaler

data = pd.read_excel('../data/教育新闻数据.xlsx')
# 查看清洗前的数据形状
print('清洗前的数据形状为: ', data.shape)
# 删除链接详情一样的数据
data = data.drop_duplicates(['链接详情'], keep='first')
# 统计数据里每一列是否有缺失值
data.isnull().any()
# 查看缺失值所在的行和列
print('缺失值所在的行和列为: \n', data[data.isnull().values == True])
# 删除缺失值所在的行
data.dropna(inplace=True)
# 将新闻中的转义符删除
def rp(x):
    x = x.replace('\n', '').replace('\t', '').replace('\xa0', '')
    return x
data['新闻内容'] = data['新闻内容'].apply(rp)
# 查看清洗后的数据形状
print('清洗后的数据形状为: ', data.shape)
```

代码 4-1 的运行结果如下。

```
清洗前的数据形状为: (1284, 5)
缺失值所在的行和列为:
      栏目名称    新闻标题              发布时间         链接详情              新闻内容
15   滚动      多彩开学季 点亮新学期   2021-02-24    http://****.html    NaN
19   滚动      教育部：中小学生…     2021-02-23    http://****.html    NaN
20   滚动      教育部：严肃查处…     2021-02-23    http://****.html    NaN
..........                   ..........
988  大学      北大学生返乡路上…   2021-01-25    http://****.html    NaN
1193 职业教育   各地开学时间汇总…    2020-04-13    http://****.html    NaN
清洗后的数据形状为: (1262, 5)
```

2. 可视化展示

将经清洗过后的数据进行可视化展示，包括查看各栏目新闻的总发布量、查看各月份新闻发布量趋势。通过可视化展示，能够更直观地挖掘出数据的额外信息，便于开展更准确、合理的分析。

为查看进行数据清洗之后各栏目新闻总发布量的详细情况，从而便于分析，需要绘制各栏目新闻的总发布量柱形图，如代码 4-2 所示。

代码4-2 各栏目新闻的总发布量

```python
# 各栏目新闻的总发布量
data_name_count = data.groupby('栏目名称')['新闻内容'].agg('count')
plt.figure(figsize=(8, 6))
plt.bar(data_name_count.index, data_name_count.tolist())
plt.rcParams['font.family'] = ['sans-serif']
plt.rcParams['font.sans-serif'] = ['SimHei']
plt.xlabel('栏目类型')
plt.ylabel('发布量/篇')
plt.title('各栏目新闻的总发布量')
# 使用text显示数值
for a, b in zip(data_name_count.index, data_name_count.tolist()):
    plt.text(a, b + 0.05, '%.0f' % b, ha='center', va='bottom', fontsize=11)
plt.show()
```

运行代码4-2，绘制出的柱形图如图4-2所示。

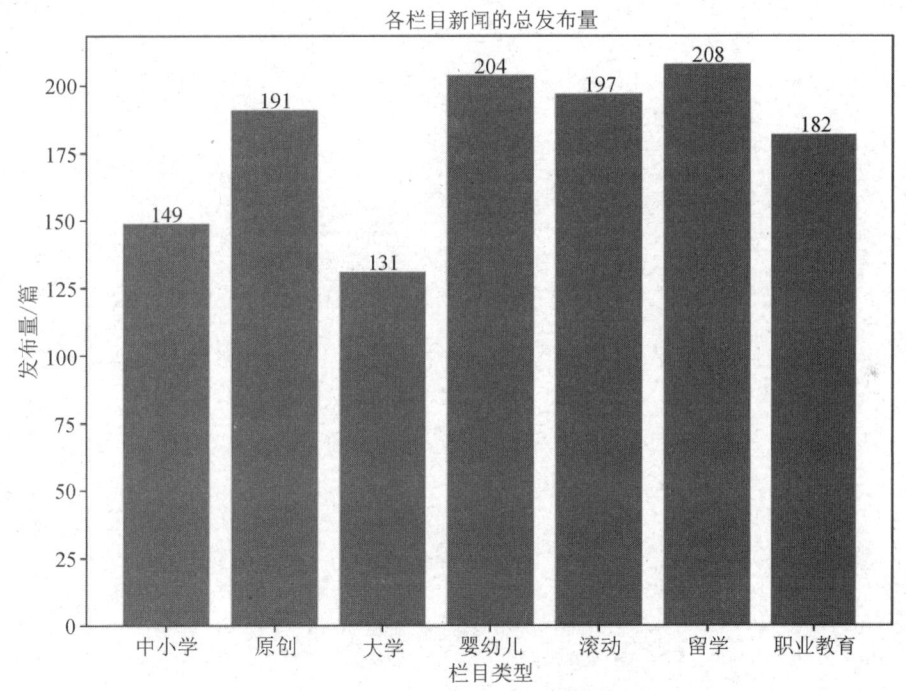

图4-2 各栏目新闻的总发布量柱形图

由图4-2可知，留学栏目新闻的总发布量最多，为208个，其次是婴幼儿、滚动、原创等栏目，而大学栏目最少，为131个。

为进一步观察7个栏目之间的新闻总发布量变化趋势，可对各栏目各月份具体的新闻发布量进行观察，绘制各栏目各月份的新闻发布量趋势折线图，如代码4-3所示。

代码 4-3　各栏目各月份的新闻发布量

```
def tomonth(d):
    return str(d)[0: 7]
data['month'] = data['发布时间'].apply(tomonth)
data_names = pd.DataFrame(data.groupby(['栏目名称', 'month'])['新闻内容']
.agg('count'))
data_names = data_names.reset_index()

# 获取单个栏目的月份及对应的新闻发布量
def requerxy(names):
    data = pd.DataFrame(data_names[data_names['栏目名称'] == names][['month',
'新闻内容']])
    return data

# 填补相同月份值（作用：令 x 轴相同，仅方便绘图）
def fillmonth(month, number):
    months = pd.DataFrame(pd.date_range(month, periods=number, freq='M'))
    return months

# 调用 stomonth 自定义函数
def stomonth(values):
    numbers = pd.DataFrame(values.apply(tomonth))
    return numbers

# 自定义 vstack 合并函数
def vstacke(value1, value2):
    value = pd.DataFrame(np.vstack((value1, value2)))
    return value

# 填补完整滚动、原创、婴幼儿、留学、职业教育、中小学和大学栏目的月份，使得月份相同
x1 = requerxy('滚动');x11 = fillmonth('2020-10', 4);x11 = stomonth(x11[0]);
x11['1'] = None
x_1 = vstacke(x11, x1)
x2 = requerxy('原创');x22 = fillmonth('2021-02', 1);x22 = stomonth(x22[0]);
x22['1'] = None
x_2 = vstacke(x2, x22)
xx_1 = pd.merge(x_1, x_2, on=0);xx_1.columns = ['时间', '滚动', '原创']
x3 = requerxy('婴幼儿');x_3 = vstacke(x3, x22)
x4 = requerxy('留学');x44 = fillmonth('2019-07', 1);x44 = stomonth(x44[0]);
x44['1'] = None
x_4 = pd.DataFrame(np.vstack((x44, x4, x22)))
x5 = requerxy('职业教育');x55 = fillmonth('2019-07', 4);x55 = stomonth(x55[0]);
x55['1'] = None
x_5 = vstacke(x55, x5)
x6 = requerxy('中小学');x66 = fillmonth('2019-07', 16);x66 = stomonth(x66[0]);
x66['1'] = None
x_6 = vstacke(x66, x6)
x7 = requerxy('大学');x_7 = vstacke(x66, x7)
xx_2 = pd.DataFrame(np.hstack((x_3, x_4, x_5, x_6, x_7)));xx_2.drop([2, 4, 6,
8], axis=1, inplace=True)
```

```
xx_2.columns = ['时间', '婴幼儿', '留学', '职业教育', '中小学', '大学']

# 绘制滚动与原创两个栏目各月份的新闻发布量趋势折线图
plt.figure(figsize=(8, 6))
plt.plot(x_1['时间'].tolist(), x_1['滚动'].tolist(), 'r+--')
plt.plot(x_1['时间'].tolist(), x_1['原创'].tolist(), 'b*--')
plt.xlabel('时间')
plt.ylabel('发布量/篇')
plt.title('滚动与原创栏目各月份的新闻发布量趋势折线图')
plt.legend(['滚动', '原创'])
plt.show()

# 绘制其他5个栏目各月份的新闻发布量趋势折线图
plt.figure(figsize=(10, 6))
plt.plot(xx_2['时间'].tolist(), xx_2['婴幼儿'].tolist(), 'b+--')
plt.plot(xx_2['时间'].tolist(), xx_2['留学'].tolist(), 'r*--')
plt.plot(xx_2['时间'].tolist(), xx_2['职业教育'].tolist(), 'gp-.')
plt.plot(xx_2['时间'].tolist(), xx_2['中小学'].tolist(), 'k.:')
plt.plot(xx_2['时间'].tolist(), xx_2['大学'].tolist(), 'md-')
plt.xlabel('时间')
plt.ylabel('发布量/篇')
plt.xticks(rotation=90)
plt.title('其他5个栏目各月份的新闻发布量趋势折线图')
plt.legend(['婴幼儿', '留学', '职业教育', '中小学', '大学'])
plt.show()
```

运行代码4-3,绘制出的各栏目各月份的新闻发布量趋势折线图如图4-3和图4-4所示。

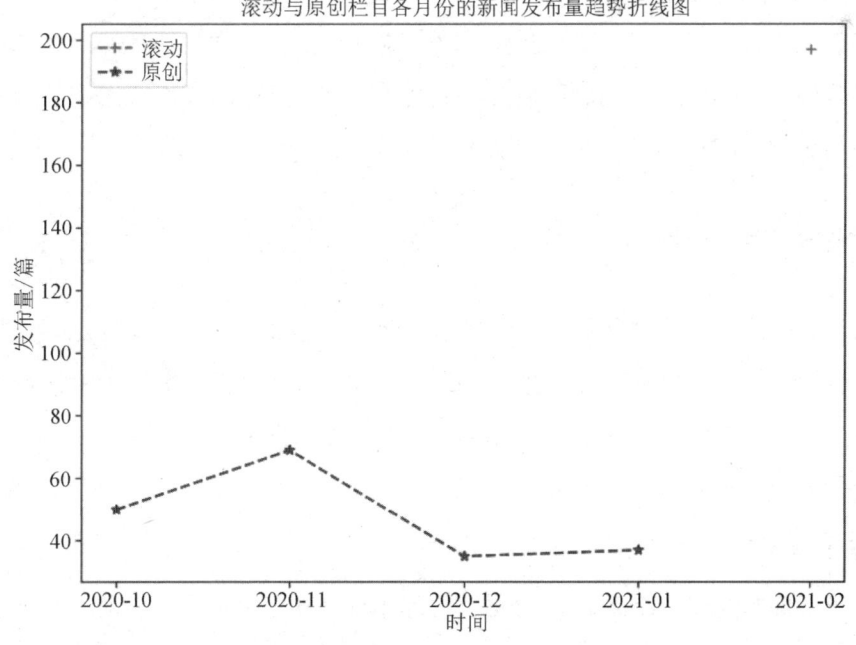

图4-3 滚动与原创栏目各月份的新闻发布量趋势折线图

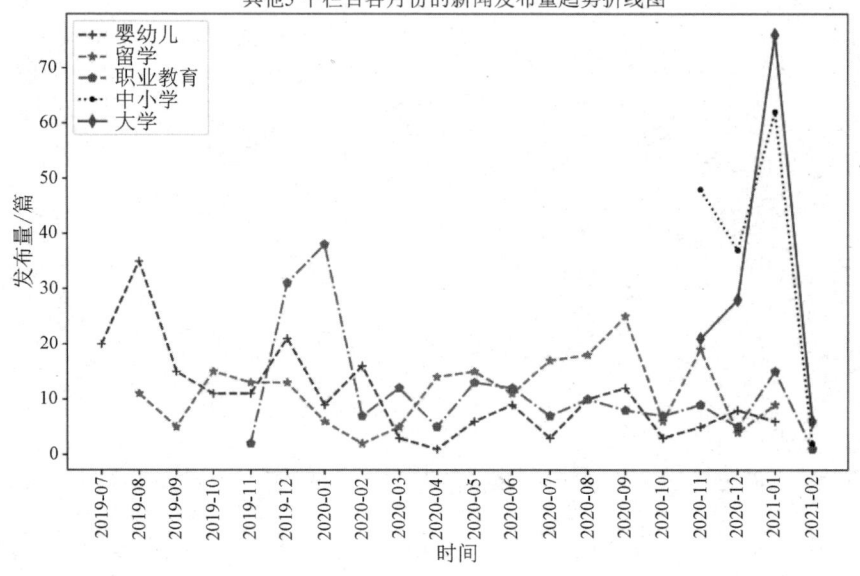

图 4-4　其他 5 个栏目各月份的新闻发布量趋势折线图

由图 4-3 可知，原创栏目的发布量较为平均，都在 50 篇上下波动，时长为四个月；而滚动栏目的发布量为 197 篇，且时长仅一个月。导致出现这种现象的原因主要是爬取的数量范围有限，在这个范围内只有这个时间段的数据，同时这也与新闻的时效性有很大的关联，尤其是滚动栏目，为顺应实际生活环境，新闻的更替会十分快速。

由图 4-4 可知，婴幼儿、留学、职业教育、中小学和大学栏目的发布量波动较大的时间点分别位于 2019 年 8 月、2020 年 9 月、2020 年 1 月、2021 年 1 月和 2021 年 1 月，且所列举出的时间点即为各栏目的峰值点。出现峰值的原因主要是在这几个月份，学生刚好处于放假或收假的阶段，因此很多相关新闻会在这些时间点发布，而其他时间点学生处于在校阶段，因此各栏目的新闻发布量相对平稳，波动无明显差异。

4.2.3　文本预处理

在自然语言处理中，需要对文本进行基础处理，常见的处理方法包括去除数据中非文本部分、中文分词、去停用词等，而经过处理的文本基本上可以投入实际应用，但还是无法直接用于后续的计算和模型的构建等，还需要将文本进行向量化处理，将文字转换成机器所识别的数字化内容，才能进行后续处理。

1. 文本基础处理

对文本进行基础处理，包括 jieba 分词、去停用词、划分数据集（滚动与原创栏目为测试集；其他 5 个栏目为训练集），根据段落符将分词结果进一步划分成更独立的词，如代码 4-4

所示。

代码 4-4 文本基础处理

```python
# jieba 分词
data['data_cut'] = data['新闻内容'].astype(str).apply(
    lambda x: list(jieba.cut(x)))   # 内嵌自定义函数来分词

# 去停用词
stopword = pd.read_csv('../data/stopword.txt', sep='ooo', encoding='utf-8',
                    header=None, engine='python')
stopword = [' '] + list(stopword[0])
len3 = data.data_cut.astype('str').apply(lambda x: len(x)).sum()
data['data_after'] = data.data_cut.apply(
    lambda x: [i for i in x if i not in stopword])
len4 = data.data_after.astype('str').apply(lambda x: len(x)).sum()
print('减少了停用词中的' + str(len3 - len4) + '个字符')
data.data_after = data.data_after.loc[[
    i for i in data.data_after.index if data.data_after[i] != []]]

# 划分数据集
data_text = data[['栏目名称', 'data_after']]
data_text.dropna(inplace=True)
data_text.reset_index(drop=True, inplace=True)
data_text_name = list(data_text.栏目名称.unique())

# 测试（滚动+原创）
data1_name = data_text_name[2: ]
data1 = data_text.set_index('栏目名称').drop(data1_name, errors='ignore')
.reset_index()

# 训练（其他 5 个栏目）
data2_name = data_text_name[: 2]
data2 = data_text.set_index('栏目名称').drop(data2_name, errors='ignore')
.reset_index()

# 根据段落符将分词结果进一步划分成更独立的词
data1['data_after'] = data1['data_after'].apply(
    lambda x: [i for i in x if i != '\u3000'])
data1['data_pro'] = data1['data_after'].apply(lambda x: ' '.join(x))
data1['data_after'] = data2['data_after'].apply(
    lambda x: [i for i in x if i != '\u3000'])
data1['data_pro'] = data2['data_after'].apply(lambda x: ' '.join(x))
```

代码 4-4 的运行结果如下。

减少了停用词中的 2654006 个字符

为查看训练集中出现的高频词，可进行词频统计并绘制词云图和排名前 10 的高频词的词频柱状图进行分析，如代码 4-5 所示。

代码 4-5　词频统计与绘图

```
# 词频统计
num_words = [''.join(i) for i in data2['data_after']]
num_words = ''.join(num_words)
num_words = re.sub(' ', '', num_words)
# 计算全部词频
num = pd.Series(jieba.lcut(num_words)).value_counts()
# 绘图
back_pic = imageio.imread('../data/background.jpg')
wc_pic = WordCloud(mask=back_pic, background_color='white',
           font_path=r'C:\Windows\Fonts\simhei.ttf',
           scale=2,
           random_state=1234).fit_words(num)
plt.figure(figsize=(16, 8), dpi=600)
plt.imshow(wc_pic)
plt.axis('off')
plt.show()

# 统计排名前 10 的高频词及其词频
woreds = pd.DataFrame(num)
woreds = woreds.reset_index()
woreds.columns = ['词语', '词频']
woreds = pd.DataFrame(woreds[woreds['词语'].apply(len) > 1])
woredss = woreds.sort_values(by='词频', ascending=False)
woredss1 = pd.DataFrame(woredss.iloc[:10, :])

# 绘制排名前 10 的高频词的词频柱状图
plt.figure(figsize=(8, 6))
plt.bar(Woredss1['词语'].tolist(), Woredss1['词频'].tolist())
plt.title('排名前 10 的高频词的词频柱状图', fontsize=16)
plt.xlabel('词语')
plt.ylabel('词频')
plt.show()
```

运行代码 4-5，所绘制出的词云图和柱状图如图 4-5 和图 4-6 所示。

图 4-5　词云图

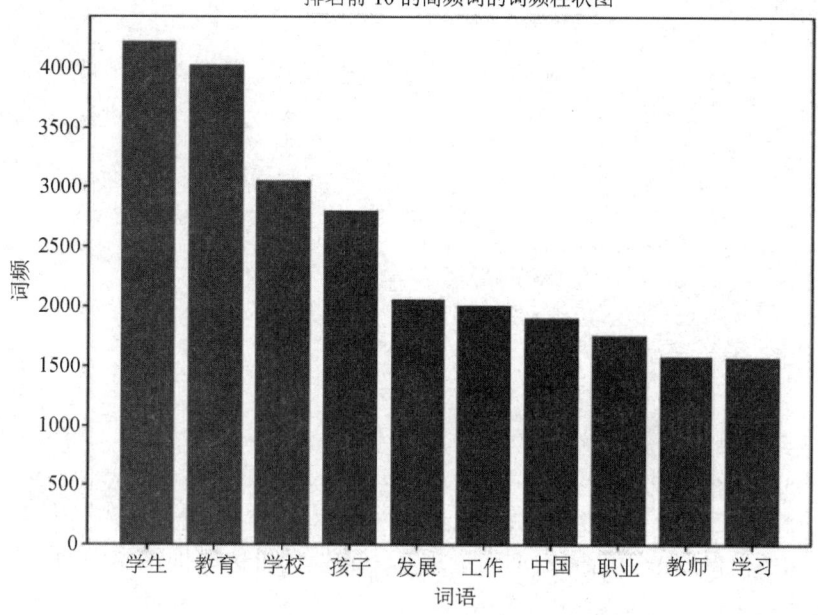

图 4-6　排名前 10 的高频词的词频柱状图

由图 4-5 可知，训练集中的高频词主要有"学生""教育""学校""孩子""发展"等词；由图 4-6 可知，排名前 10 的高频词按从高到低的顺序依次为"学生""教育""学校""孩子""发展""工作""中国""职业""教师""学习"。

由图 4-5 和图 4-6 可知，这些新闻文本中的高频内容大多数属于教育类的范畴。

2. 文本向量化

对经过文本基础处理的新闻文本使用预训练好的 192 维的语料库模型构建词向量，目的是将文字转换成机器所能识别的形态，从而便于模型的实际运用。

对文本构建词向量矩阵，需要通过调用预训练好的语料库模型，生成每篇新闻中每个分词的词向量，再通过对词向量求和的方式从而得出该篇新闻最终的 1×192 维词向量矩阵，如代码 4-6 所示。

代码 4-6　计算文本词向量

```python
# 获取字符串中某字符的位置
def get_char_pos(string, char):
    chpos = []
    try:
        chpos = list(((pos) for pos, val in enumerate(string) if(val == char)))
    except:
        pass
    return chpos
# 利用预训练好的语料库模型获取词向量
```

```python
def word2vec1(data, model):
    wordvec_size = 192  # 192维
    word_vec_all = np.zeros(wordvec_size)  # 生成包含192个元素的零矩阵
    space_pos = get_char_pos(data, ' ')
    first_word = data[0:space_pos[0]]
    if first_word in model.wv:
        word_vec_all += model.wv[first_word]
    for i in range(len(space_pos) - 1):
        word = data[space_pos[i] + 1:space_pos[i + 1]]
        if word in model.wv:
            word_vec_all += model.wv[word]
    return word_vec_all

model = gensim.models.Word2Vec.load('../models/news.word2vec')  # 加载模型
data1['vec'] = data1['data_pro'].apply(lambda x : word2vec1(x, model))
data2['vec'] = data2['data_pro'].apply(lambda x : word2vec1(x, model))
```

运行代码 4-6，得到每篇新闻的词向量矩阵，此处随机选取训练集中的 5 篇新闻的词向量矩阵进行展示，如表 4-3 所示。

表 4-3　文本向量化结果

栏目名称	data_after	data_pro	vec
留学	[花着, 昂贵, 房租……]	花着 昂贵 房租……	[36.43002840364352, -120.47……
婴幼儿	[幼师, 保育员, 缺……	幼师 保育员 缺……	[80.7091096174845, -140.01……
中小学	[本报, 上海, 17……	本报 上海 17……	[-35.064373414963484, 18.01……
大学	[15, 上午, 10, 点……	15 上午 10 点……	[366.3885929523967, -729.9……
职业教育	[人民网, 北京, 25……	人民网 北京 25……	[-31.265052042901516, 9.69……

在表 4-3 中，data_after 表示 jieba 分词之后的结果；data_pro 表示根据段落符将分词结果进一步划分后得到的更独立的词；vec 表示根据 data_pro 中每个独立的词生成词向量矩阵，再通过求和的方式得出的对应一篇文章的词向量矩阵。

4.2.4　构建 SVM 模型

本案例选取 SVM 对滚动与原创栏目下的新闻进行分类，构建新闻分类的模型，并对构建的模型进行优化。

1. 数据划分

本章使用线性 SVM 模型，将除滚动与原创栏目外其他 5 个栏目的数据，即训练集再次按照 20%和 80%的比例划分为测试集和训练集，并对其进行数据标准化，如代码 4-7 所示。

代码 4-7　数据划分

```
xx_train,xx_test,y_train,y_test = train_test_split(
    data2['vec'], data2['栏目名称'], test_size=0.2, random_state=3)
def trans_x(names):
    x = []
    for i in names.index:
        x.append(names[i].tolist())
    return np.array(x)

x_train = trans_x(xx_train)
x_test = trans_x(xx_test)
xx_test1 = trans_x(data1['vec'])    # 最终所要预测的数据

# 数据标准化
min_max_scaler = MinMaxScaler()
min_max_scaler.fit(x_train)
x_train = min_max_scaler.transform(x_train)
x_test = min_max_scaler.transform(x_test)
xx_test1 = min_max_scaler.transform(xx_test1)    # 测试集
```

2. 模型构建与优化

为进一步提升模型的性能，下面将通过分类模型的选取和参数调整两方面来构建模型并进行模型优化。

首先，在分类模型的选取上，本案例实施前期选择了很多模型进行测试，便于从中选出表现最优的模型，各模型的模型精确率与测试集准确率如表 4-4 所示。

表 4-4　各模型表现情况

模型	模型精确率	测试集准确率
SVM	0.639	0.611
K-近邻	0.732	0.611
高斯朴素贝叶斯	0.409	0.411
决策树	1	0.52

注：此处不展示各模型对比情况的过程，相应的实现代码请参考本书的配套资料。

其次，对表 4-4 中的各模型采用网格搜索法，选取各模型中的 4 个重要参数进行搜索、比较，从而找出模型中的最优参数（其中，由于高斯朴素贝叶斯无可调参数，因此无须对其进行网格搜索，同时因其模型精确率与测试集准确率效果较差，不考虑使用该模型），如代码 4-8 所示。

代码 4-8　网格搜索

```
# 定义网格搜索函数，评估各模型在测试集上的最优得分
def searchbest(name1, value1, name2, value2, name3, value3, name4, value4,
function_name):
```

```
    params = [{name1:value1, name2:value2, name3:value3, name4:value4}]
    model = ms.GridSearchCV(function_name, params, cv=5)
    model.fit(x_train, y_train)
    for p, s in zip(model.cv_results_['params'],
          model.cv_results_['mean_test_score']):
        print(p, s)
    # 获取得分最优的超参数信息
    print(model.best_params_)
    # 获取最优得分
    print(model.best_score_)
    # 获取最优模型的信息
    print(model.best_estimator_)

# SVM
from sklearn import svm
searchbest('kernel', ['linear', 'rbf'], 'C', [10, 15, 20], 'gamma', [0.1, 0.2,
0.3], 'degree', [10, 20], svm.SVC())

# K-近邻
from sklearn.neighbors import KNeighborsClassifier
searchbest('n_neighbors', [5, 10], 'weights', ['uniform', 'distance'],
'algorithm',
        ['auto', 'ball_tree', 'kd_tree', 'brute'], 'leaf_size', [20, 30],
KNeighborsClassifier())

# 决策树
from sklearn.tree import DecisionTreeClassifier
searchbest('criterion', ['gini', 'entropy'], 'splitter', ['best', 'random'],
'max_depth',
        [100, 150, 200], 'max_features', ['auto', 'sqrt', 'log2'],
DecisionTreeClassifier())
```

运行代码 4-8，各模型的网格搜索在测试集上的最优得分情况如表 4-5 所示。

表 4-5 各模型的网格搜索在测试集上的最优得分情况

模型	网格搜索在测试集上的最优得分
SVM	0.721
K-近邻	0.586
决策树	0.481

综合表 4-4 和表 4-5 的情况，以及在案例中的实际运用表现，本章最终选择 SVM 对新闻进行分类，综合表现最优的参数组合为 C=20，degree=10，gamma=0.1，kernel='linear'，将选取的参数应用于 SVM 模型构建中，如代码 4-9 所示。

代码 4-9 构建 SVM 模型

```
# 模型预测
clf = svm.SVC(C=20, degree=10, gamma=0.1, kernel='linear')
```

```
clf.fit(x_train, y_train)
rc = list(clf.predict(x_test))
# print('测试集的预测结果为: \n', r)
# 滚动与原创栏目的预测结果
rc = list(clf.predict(x_test))
```

4.2.5 模型评估

模型的性能所表现出的状态会相应地影响到最终分类的结果,由于本案例为多分类模型,因此对模型进行评估的指标有三个:模型精确率、测试集准确率和混淆矩阵。对 SVM 模型进行评估,如代码 4-10 所示。

代码 4-10 模型评估

```
# 模型精确率
rv1 = clf.score(x_train, y_train)
print('模型精确率为: ', rv1)

# 测试集准确率
r_c = list(clf.predict(x_test))
r_t = list(y_test)
def get_acc(y, y_hat):
    return sum(yi == yi_hat for yi, yi_hat in zip(y, y_hat)) / len(y)
recut = get_acc(r_c, r_t)
print('测试集准确率为: ', recut)

# 绘制混淆矩阵图
guess = r_c
fact = r_t
classes = list(set(fact))
classes.sort()
confusion = confusion_matrix(guess, fact)
plt.imshow(confusion, cmap=plt.cm.Wistia)
indices = range(len(confusion))
plt.rcParams['font.family'] = ['sans-serif']
plt.rcParams['font.sans-serif'] = ['SimHei']
plt.xticks(indices, classes, rotation=90)
plt.yticks(indices, classes)
plt.colorbar()
plt.xlabel('预测')
plt.ylabel('实际')

for first_index in range(len(confusion)):
    for second_index in range(len(confusion[first_index])):
        plt.text(first_index, second_index,
                 confusion[first_index][second_index])
plt.show()
```

运行代码 4-10，所得的模型精确率与测试集准确率结果如表 4-6 所示。

表 4-6　模型精确率与测试集准确率结果

指标名称	数值结果
模型精确率	0.917
测试集准确率	0.732

由表 4-6 可知，模型精确率约为 91.7%，测试集准确率约为 73.2%，模型构建的情况较为良好。

绘制的混淆矩阵图如图 4-7 所示。

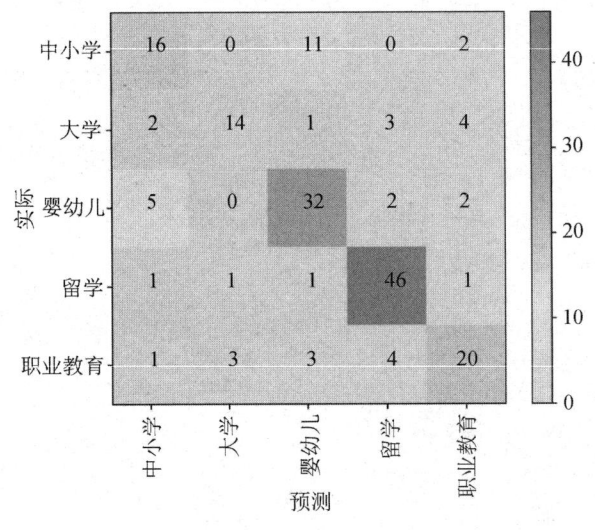

图 4-7　混淆矩阵图

在图 4-7 中，以留学栏目为例，该栏目下的新闻数量为 50，其中，正确地将留学栏目预测为留学栏目的有 46 篇，错误地将留学栏目预测为中小学、大学、婴幼儿和职业教育的数量依次为 0、3、2、4。从混淆矩阵图的表现情况可看出，模型能准确地将预测出的结果进行正确分类的情况较多，而出现错误的情况则较少。

同时，本章选取的分类模型和参数组合并不一定是表现最优的选择，读者可在模型选取以及各模型参数的组合上再多加探索，或许可以找到性能更好、表现更优的模型。

本章小结

本章的主要目的是通过 SVM 模型判别出滚动与原创栏目下的每篇新闻的新闻类别。本章重点介绍了数据探索、文本预处理，并构建了 SVM 模型，分析了滚动与原创栏目下的每篇新闻的新闻类别，最后对构建的模型进行评估，给出相关的模型优化建议。

课后习题

搜狐新闻是搜狐公司推出的一款免费信息阅读软件，可 24 小时提供时政、国际、生活、历史和时事热点等新闻，为提升用户的阅读体验及效率，需要对从搜狐新闻上获取的新闻进行分类。数据集共包含两份数据，一份是含有分类标签和新闻内容的 5500 条新闻数据（data1.xlsx），另一份是仅有新闻内容的 210 条新闻数据（data2.xlsx）。需要分别对这两份数据进行预处理，并根据含有分类标签的数据构建 SVM 模型，从而对仅有新闻内容的新闻数据进行分类，具体操作步骤如下。

（1）在 Python 中读取两份数据。
（2）使用 jieba 库进行分词。
（3）对分词后的文本进行去停用词及段落符分段操作。
（4）进行文本向量化。
（5）构建 SVM 模型。
（6）得出分类结果，计算模型精确率，从而对模型进行评估。

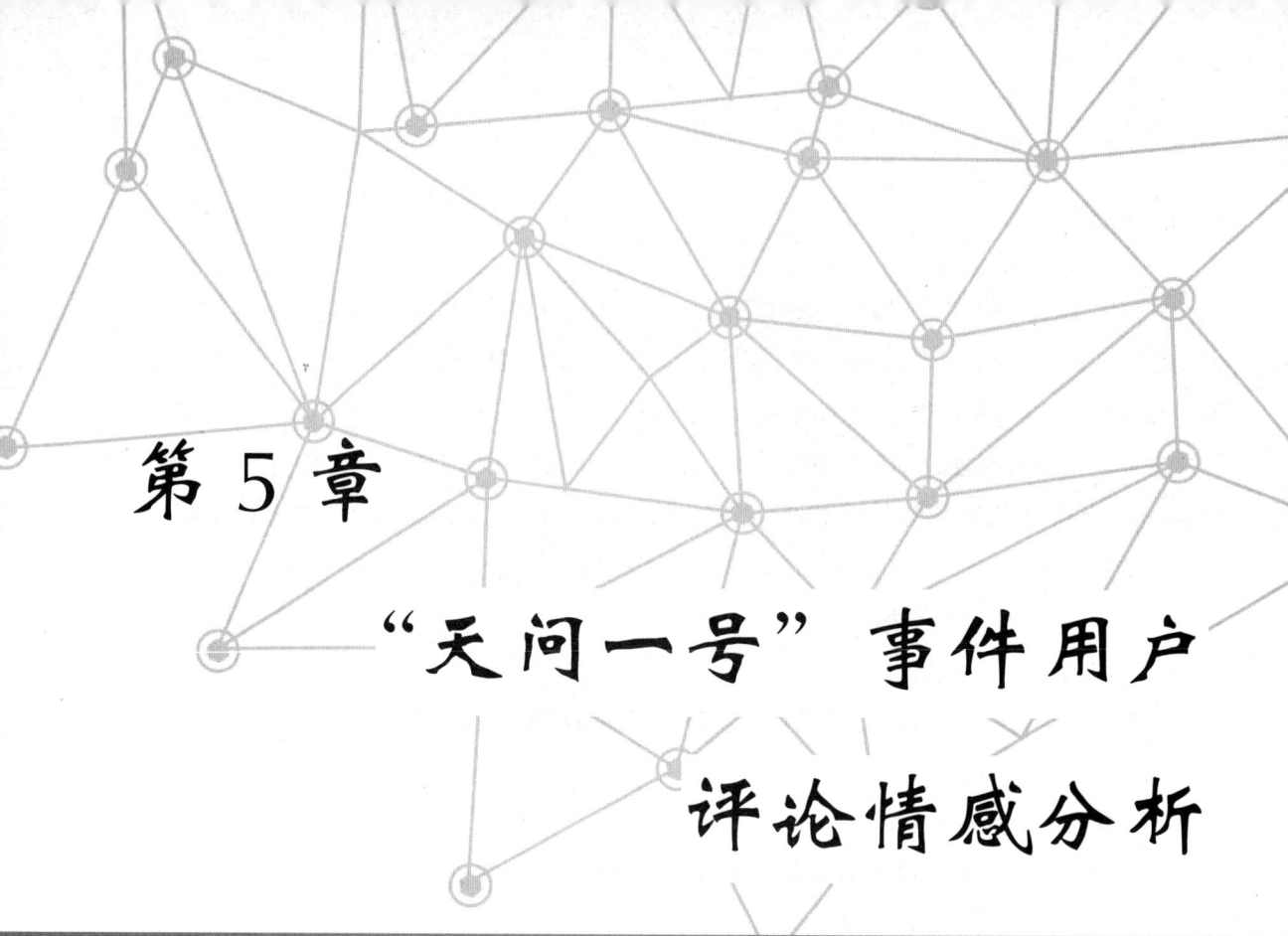

第 5 章 "天问一号"事件用户评论情感分析

随着科学技术的不断发展与进步,互联网日益壮大并广泛地应用在人们生活的方方面面。同时,搜索引擎技术的不断发展为网络用户的信息获取提供了极大的便利,网络用户可以通过搜索在线新闻等方式实现信息获取。近些年来,中国综合实力不断提高,逐步在世界之林绽放属于自己的光彩。众所周知,科学技术是第一生产力,同时也是衡量国家综合国力的首要因素,航天技术正是其中一大关键。本章的数据爬取自某视频网站上"天问一号"登陆火星的相关视频下的用户评论,使用了朴素贝叶斯对用户的评论进行情感分析。

学习目标

(1)了解"天问一号"事件用户评论情感分析的背景、数据和目标。
(2)掌握数据探索的方法,对数据进行可视化处理。
(3)掌握文本预处理的方法,对文本进行中文分词、去停用词等处理和向量化。
(4)掌握朴素贝叶斯的使用方法,构建分类模型并进行模型优化。
(5)掌握分类模型评估方法,对构建的分类模型进行模型评估。

5.1 业务背景与项目目标

网络舆情是指，在一定的社会空间内，民众围绕社会热点事件的发生、发展和变化在互联网上表达的有较强影响力和倾向性的言论和观点的集合。伴随着当代移动互联网的高速发展和网络社交媒体的急剧升温，社会舆论场域也发生了变革，用户得以通过快速和便捷的渠道在各类网络社交媒体平台表达观点、态度和立场，逐渐打破传统的媒介监督范式。"天问一号"成功登陆火星的消息，令无数中国人民都激动落泪，因为这代表着中国朝着浩瀚宇宙又迈进一大步，人们深知航天事业发展一路以来的艰辛，因此这也是航天事业发展的一个重大里程碑。

5.1.1 业务背景

"天问一号"是由中国空间技术研究院研制的探测器，负责执行中国首次自主火星探测任务。"天问一号"于 2020 年 7 月 23 日在文昌航天发射场由长征五号遥四运载火箭发射升空，2021 年 2 月到达火星附近实施捕获制动。2021 年 5 月进行了择机降轨，由"祝融号"火星车开展巡视探测等工作。2021 年 6 月 11 日，中国国家航天局举行了"天问一号"探测器着陆火星首批科学影像图揭幕仪式，公布了由"祝融号"火星车拍摄的着陆点全景、火星地形地貌、"中国印迹"以及"着巡合影"等影像图。2021 年 6 月 27 日，中国国家航天局发布"天问一号"火星探测任务着陆和巡视探测系列实拍影像。

情感分析又称意见挖掘、倾向性分析等，是对带有情感色彩的主观性文本进行分析、处理、归纳和推理的过程。互联网（如博客、论坛和社会服务网络）上产生了大量用户参与且对于人物、事件、产品等有价值的评论信息。这些评论信息表达了人们的各种情感色彩和情感倾向性，如喜、怒、哀、惧、批评、赞扬等。可以通过浏览这些主观评论来了解大众对于某一事件或产品的看法。

结合当前的开放式网络环境，对"天问一号"事件中某视频网站用户所发表的评论等文本数据进行收集整理，并进行情感分析，可以直观地体现用户对于"天问一号"成功登陆火星事件的情感倾向，对于了解大众对中国航天事业发展的认知度与认可度有一定的参考价值。

5.1.2 数据说明

本案例爬取了"天问一号"发射与登陆火星前后的相关视频下的用户评论，组成评论数据.csv 文件，爬取的内容包括用户名、点赞数、评论内容、视频网址等。评论数据的时间窗口是 2020 年 4 月 24 日至 2021 年 7 月 7 日，共爬取了 10380 条数据。

根据提供的评论数据，结合舆论分析的场景，对用户针对"天问一号"事件的情感表现进行分类，分类标签分为-1（表示负面评论）、0（表示中性评论）以及 1（表示正面评论），部分评论数据如表 5-1 所示。

表 5-1 部分评论数据

评论时间	点赞数	评论内容	类别
2021/5/15	3	我国首次火星探测任务着陆火星于 2021.5.15 07:18 圆满成功！	1
2020/12/20	7	嫦娥回来啦，可惜的是月球上不能种菜[大哭]现在希望全在靓仔身上了[doge-圣诞]	1
2020/12/17	5	嫦娥五号回家啦！！[doge]	0
2020/8/23	1	中国加油	1
2020/8/18	6	天问一号，你已经是一个成熟的探测器了，你要加油！！咱们明年见	0
2020/8/15	0	前往未止，发现未知	1
2020/8/9	0	今年广东省考出了题目，问"天问一号"的目的地	0

正面评论表达了用户对"天问一号"成功登陆火星的喜悦之感，同时表达了对中国航天事业的殷切期望与祝愿，对中国航天事业充满期待。

负面评论表达了用户对"天问一号"成功登陆火星的不以为意，又或是对于视频形式、背景音乐等的反感。

中性评论则是用户对于该事件的客观评价与分析，既不过分吹嘘他国实力也不贬低自身国家成就，或者是表达自己对于宇宙的想象，又或是提出疑问、建议等，没有明显或直接表现出自身的态度立场。

5.1.3 分析目标

本案例结合爬取到的关于"天问一号"事件的用户评论数据，将实现以下目标。

（1）绘制评论数据的词云图和不同情感类型评论数据的词云图。

（2）构建朴素贝叶斯模型对用户评论进行情感分析。

总体流程图如图 5-1 所示。

主要包括以下步骤。

（1）数据探索。通过可视化的方法分析不同情感类型评论的数量分布、每月评论量的变化和获赞数前 10 的评论。

（2）文本预处理。对抽取到的数据进行数据清洗、特殊字符处理、中文分词、去停用词等操作。

（3）模型构建与训练。将分词结果进行特征向量化，将数据集划分成训练集和测试集，构建朴素贝叶斯模型并训练。

（4）模型评估。通过混淆矩阵、准确率、精确率等评估指标对模型进行评估。

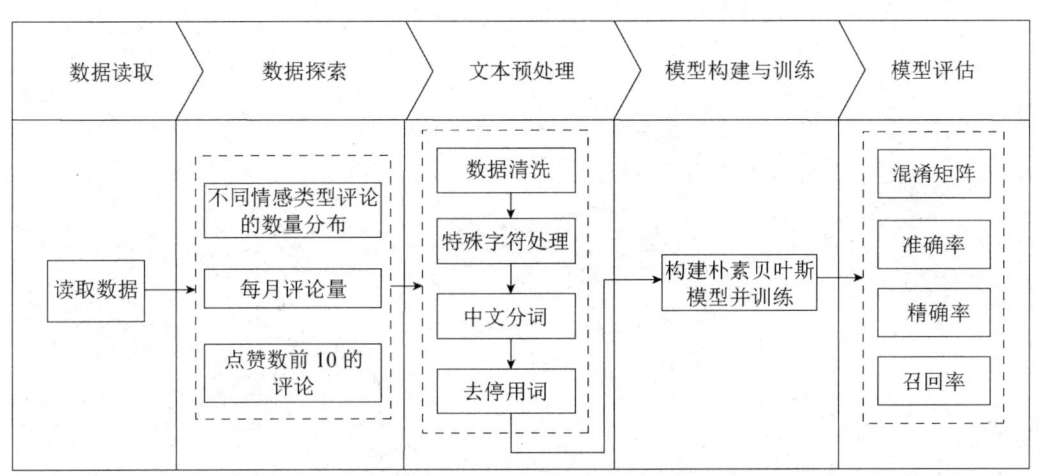

图 5-1 总体流程图

5.2 分析方法与过程

自"天问一号"成功发射以来，中国航天再度迎来了热议，"天问一号"发射以及登陆火星前后的相关新闻、视频与评论也层出不穷。本节将详细阐述基于"天问一号"事件的视频评论数据的数据探索、文本预处理、绘制词云图等任务的具体实现过程。

5.2.1 数据探索

为了解本案例中数据的基本特征，将从不同情感类型评论的数量分布、2020 年 4 月 24 日至 2021 年 7 月 7 日每月的评论量以及这个时间段点赞数排名前 10 的评论这三方面对案例数据进行探索分析。

1. 不同情感类型评论的数量分布

本案例的数据为.csv 文件，可使用 pandas 库中的 read_csv()函数读取数据，对特征"类别"中的不同类型进行计数，然后使用 Matplotlib 库 pyplot 模块中的 pie()函数绘制不同情感类型评论的数量分布饼图，如代码 5-1 所示。

代码 5-1 绘制不同情感类型评论的数量分布饼图

```
import pandas as pd
df = pd.read_csv('../data/Comments.csv')
df.head()   # 输出前五行

from pyecharts.charts import Pie
from pyecharts import options as opts
phone = ['中性评论', '正面评论', '负面评论']
num = df['类别'].value_counts()   # 类别列计数
# 注意：函数接收的类型为 (x,y) 组成的列表
def pie_rich_label() -> Pie:
    c = (
        Pie()
        .add(
            '',
            list(zip(phone,num)),
            label_opts=opts.LabelOpts(
                position="outside",
                # b 表示评论类别，d 表示占比
                formatter='{b|{b}: } {per|{d}%}',
                background_color='#eee',
                border_color='#aaa',
                border_width=1,
                border_radius=4,
                # pyecharts 可以调用富文本
                rich={
                    'b': {'fontSize':16, 'lineHeight':33},
                    'per':{
                        'color':'#eee',
                        'backgroundColor':'#334455',
                        'padding':[2, 4],
                        'borderRadius':2,
                    },
                },
            ),
        )
        .set_global_opts(title_opts=opts.TitleOpts(title='不同情感类型评论的数量分布'))
        .render('../tmp/Pie_basic.html')   # 渲染文件及其名称
    )
    return c
pie_rich_label()
```

运行代码 5-1，得到不同情感类型评论的数量分布，如图 5-2 所示。

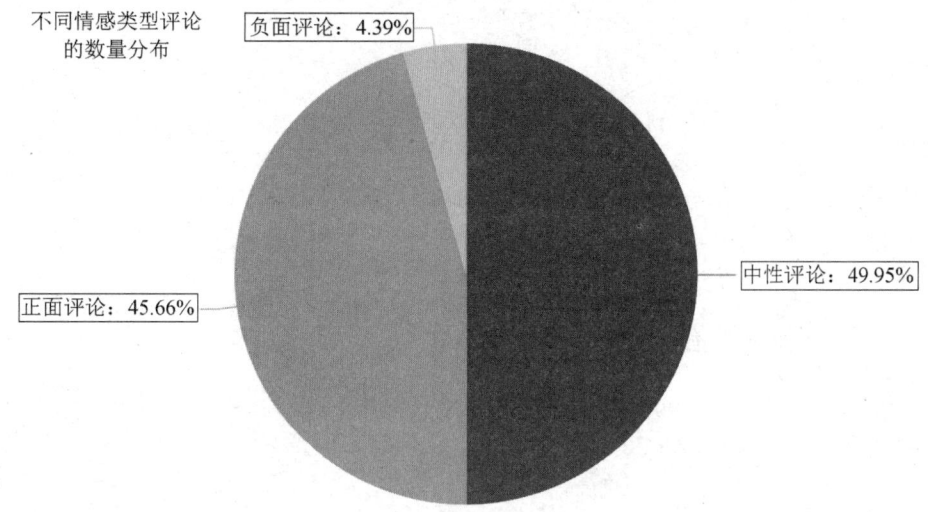

图 5-2 不同情感类型评论的数量分布

从图 5-2 中可以看出，在所有的评论数据中，中性评论占比 49.95%，正面评论占比 45.66%，负面评论占比 4.39%。正面评论占比远远高于负面评论，说明大部分用户并没有对"天问一号"事件持有消极态度，并对中国航天事业充满期望。同时也有相当一部分的网友持中立态度，并对"天问一号"事件发表了自己的看法和建议。总体来看，用户对"天问一号"事件更多的是积极支持的态度。

2. 每月的评论量

为查看 2020 年 4 月 24 日至 2021 年 7 月 7 日每月的评论量情况，首先需要删除该时间范围外的数据，然后使用 groupby()函数和 sum()函数对"评论时间"列分组统计评论量，最后使用 plot()函数绘制折线图，如代码 5-2 所示。

代码 5-2　查看 2020 年 4 月 24 日至 2021 年 7 月 7 日每月的评论量

```
df['评论时间'] = df['评论时间'].astype(str)   # 转换为字符串类型
time_target = ['2']
index_target = df['评论时间'].apply(lambda x: sum([i in x for i in time_target]) > 0)
df = df.loc[index_target, :]   # 异常值
df['评论时间'] = pd.to_datetime(df['评论时间'])   # 转换为时间类型
temp = df[['评论时间', '评论内容']]   # 时间评论表
x = temp.groupby('评论时间')['评论内容'].count()   # 求每月的评论量
y = x.reset_index()   # 重置索引，为绘制折线图做准备
month=[]   # 用于保存切取的年月
for i in range(len(y)):
    j=str(y.iloc[i,0])[0:7]
    month.append(j)
y['评论时间']=month
```

```
y = y.groupby('评论时间')['评论内容'].sum()    # 按月求和评论数
y = y.reset_index()    # 重置索引

import matplotlib.pyplot as plt
plt.figure(figsize=(12, 7), dpi=600)    # 创建一个空白画布，画布的大小为12*7
# 解决中文显示问题
plt.rcParams['font.sans-serif'] = ['SimHei']    # 指定默认字体为SimHei
plt.rcParams['axes.unicode_minus'] = False    # 用来正常显示符号
plt.xticks(range(16),y['评论时间'])    # 设置x轴的刻度
plt.xticks(size='small', rotation=75, fontsize=13)    # rotation表示标签逆时针旋
转75度，fontsize设置图例字体大小
plt.title('每月评论量统计图')
plt.xlabel('时间')    # 在当前图形中添加x轴标签
plt.ylabel('评论量/条')    # 在当前图形中添加y轴标签
plt.plot(y['评论时间'], y['评论内容'], c='black')    # 绘制折线图
plt.show()
```

运行代码5-2，得到2020年4月24日至2021年7月7日每月的评论量变化情况，如图5-3所示。

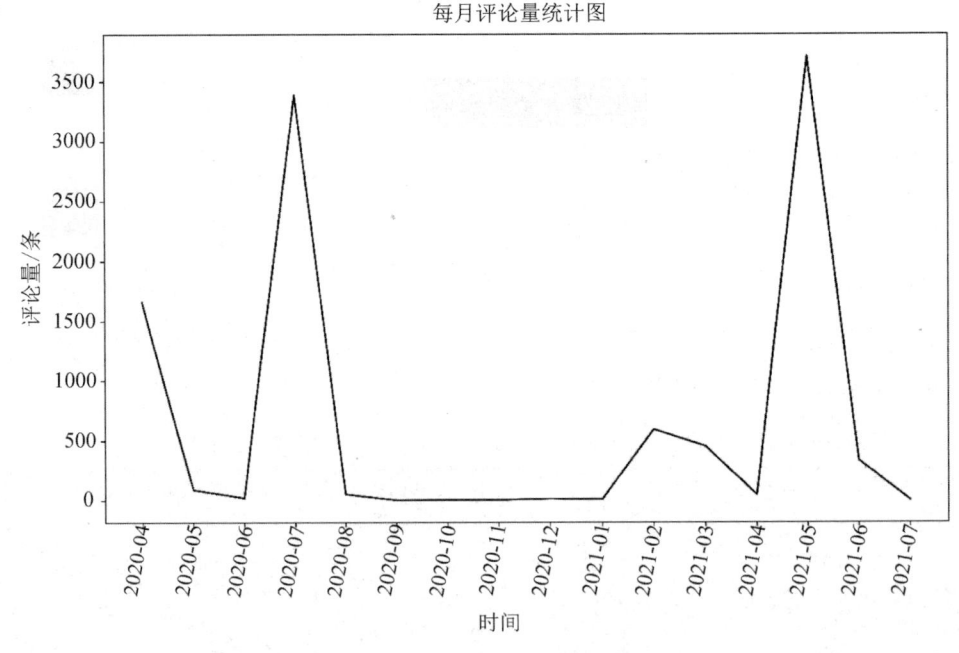

图5-3　每月评论量统计图

根据事件发展及评论量随时间的变化趋势，将用户评论时间分为5个阶段，分别为初始期、爆发期、骤减期、再次爆发期和平稳期。由图5-3可知，在初始期，即2020年4月至6月，评论量呈下降趋势，因为"天问一号"发射前，用户只是听说"天问一号"前往火星执行探测任务的计划，相关视频与报道很少，所以用户的议论逐渐减少，评论量也减少。事件

的第二阶段为爆发期，2020 年 6 月至 2020 年 7 月，"天问一号"处于"战备"阶段，即将前往火星执行探测任务的消息迅速传播开来，用户对于此事件的期望度很高，相关新闻与视频逐渐丰富起来，因此评论量随时间增长也整体呈现递增的趋势；第三阶段为骤减期，2020 年 7 月至 2021 年 4 月，评论量从峰值骤降至 0 附近，这一时期"天问一号"正在前往火星的途中，其间相关新闻报道与视频较少，议论并不多。2021 年 2 月，"天问一号"抵达火星附近，引来了一些热议，但是幅度不大且维持的时间较短，因此评论量随时间增长整体呈现明显递减趋势；第四阶段为再次爆发期，2021 年 4 月至 2021 年 6 月，由于火星车的着陆与科学影像图的公布两个事件，评论量随着时间增长再次呈现明显递增趋势；最后一个阶段是 2021 年 6 月之后，公布了科学影像图后很少有相关新闻报道，因此评论量随时间增长逐渐减少，2021 年 7 月只获取到了两条数据。

3. 点赞数前 10 的评论

点赞是指其他用户同意该用户的评论观点，点赞数则是点赞这个行为的数量，点赞数越多意味着持有相同观点的用户越多。为了解 2020 年 4 月 24 日至 2021 年 7 月 7 日"天问一号"发射与登陆前后相关视频下用户评论中哪些评论获得的点赞数最多，以点赞数为特征进行排序，取其中排名前 10 的评论，并绘制柱状图，如代码 5-3 所示。

代码 5-3　绘制点赞数前 10 的评论的柱状图

```
import numpy as np
df1 = df
df1 = df1.replace(to_replace='-', value=np.nan)   # 空值替代特殊字符
df1 = df1.dropna(how='any')   # 去空值处理
df1['点赞数'] = pd.to_numeric(df1['点赞数']).round(0).astype(int)
df1.sort_values(by="点赞数",axis=0,ascending=False,inplace=True)   # 降序排序，
替换原数据框
df1.head()
labels=['第1名','第2名','第3名','第4名','第5名',
        '第6名','第7名','第8名','第9名','第10名']   # 定义标签，用于 x 轴刻度
y1 = df1['点赞数'][:10]
plt.figure(dpi=600)
plt.xlabel('评论点赞数排名')
plt.ylabel('评论点赞数/个')   # 设置 x, y 轴标签
plt.title('点赞数前 10 的评论的柱状图')   # 设置标题
plt.xticks(range(10), labels)   # 设置 x 轴刻度
plt.bar(range(10), y1, width=0.5)   # 绘制柱状图
plt.show()
```

运行代码 5-3，得到点赞数前 10 的评论对应的柱状图，如图 5-4 所示。

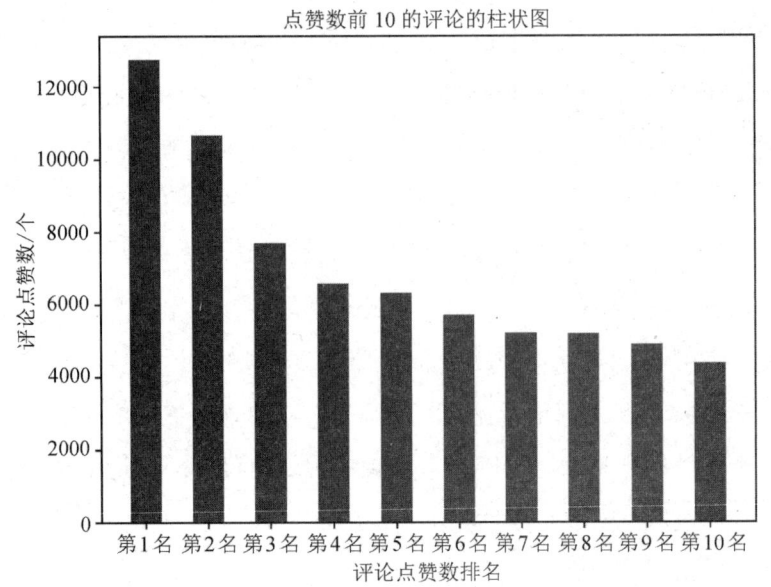

图 5-4　点赞数前 10 的评论的柱状图

由图 5-4 可知，第 1 名与第 2 名的评论点赞数均超过 10000，两条评论分别是"火星自古以来就是……抱歉走错了[doge]"与"在？我到了，一切安好，大家放心"，均表达了对中国航天事业所取得的这一成就的认可与肯定，对应点赞数分别为 12757 和 10669。排名第 3 的评论为"《天问》是中国战国时期诗人屈原创作的一首长诗。全诗通篇是对天地、自然和人世等一切事物现象的发问，显示出作者沉潜多思、思想活跃、想象丰富的个性，表现出非凡的学识和惊人的艺术才华，被誉为'千古万古至奇之作'"，该评论表达了对"天问"取名的赞誉，点赞数为 7700。除前 3 名外，第 4~10 名的点赞数相差不大。

5.2.2　文本预处理

由于在数据爬取过程中会产生部分内容缺失、内容重复和价值含量很低甚至没有价值的文本数据，如果将这部分数据引入分词、词频统计和模型训练等操作中，会影响后续建模分析的效率。同时，用户评论是由字符和字符串构成的短文本或长文本，与标准的数值型数据不同，不能进行常用的逻辑运算和统计计算。因此，为了处理起来更加方便，在进行统计分析和建模之前，需要对数据进行文本预处理，包括数据清洗、特殊字符处理、中文分词、去停用词等。

1. 数据清洗

数据清洗的主要目的是根据业务和模型的相关需求筛选出需要的数据。对于用户评论，有些用户如果对某个评论持有相同看法，则会直接复制该评论进行发表，导致出现不同用户的评论内容完全重复的现象，如果不处理重复的评论就直接进行建模会影响分析的效率。因此，需要对重复的评论进行去重，保留一条即可。同时还可能会存在部分评论相似度极高的情况，这类评论只在某些词语的运用上存在差异，虽然此类评论也可归为重复评论，但若删除相似评论，也可能会出现误删的情况，而且相似的评论也可能存在不少有用的信息，去除这类评论显然不合适。

因此，为了存留更多有用评论，本节只对完全重复的评论进行去重，以确保尽可能保留有用的评论信息。对评论数据进行去重以降低数据处理和建模过程的复杂度，如代码 5-4 所示。

代码 5-4　评论数据去重

```
import jieba
import re
import pandas as pd
import numpy as np
from PIL import Image    # 导入图像处理的模块
from wordcloud import WordCloud, STOPWORDS   # 导入绘制词云图的模块
import matplotlib.pyplot as plt

df = pd.read_csv('../data/Comments.csv')
df_drop = df.drop_duplicates('评论内容',keep='first')# 保留重复评论的第一条评论数据
print(df.shape)   # 未删除重复评论的样本量
print(df_drop.shape)    # 删除重复评论后的样本量
```

运行代码 5-4，去重前的评论数量为 10380 条，去重后的评论数量为 9314 条，去重前后的评论数量相差较大，说明该数据集中的评论数据存在较多的重复现象，可能是有些用户在评论时会复制别人的评论。

2. 特殊字符处理

经过观察，发现数据中存在空格、制表符、字母等特殊字符，这对于模型的构建是无意义的，因此，在数据处理前需要先将这类特殊字符处理干净。对评论数据中的特殊字符进行处理，如代码 5-5 所示。

代码 5-5　处理评论数据中的特殊字符

```
df_clean = df.copy()   # 数据框复制
# 将遍历到的特殊字符替换成空
df_clean['评论内容'] = df['评论内容'].astype('str').apply(lambda x:
re.sub('[^\u4E00-\u9FD5]|[0-9]|\\s|\\t|天问一号|天问1号|天问|胖5|时分', '', x))
# astype()函数可用于转换 content 的数据类型为 str
# apply()函数遍历每个值，与 lambda 表达式相结合
# re.sub()函数替换所有的匹配项，返回一个替换后的字符串，如果匹配失败，返回原字符串
df_clean.head(5)   # 输出前 5 条数据
```

运行代码 5-5，得到处理特殊字符之后的数据，如表 5-2 所示，与处理前的原始数据进

行对比发现处理后的数据只保留了干净的文字,清洗工作初见成效。

表 5-2　处理特殊字符之后的数据

评论时间	点赞数	评论内容	类别
2021/5/15	0	一年了着陆了着陆了给心心给心心	1
2021/5/15	0	已经着陆	1
2021/5/15	0	一年了啊	1
2021/5/15	3	我国首次火星探测任务着陆火星于圆满成功	1
2021/5/15	2	着陆了	1

3. 中文分词

分词是文本处理的基础环节,是将句子切分成词的过程。准确的分词处理可以极大地提高计算机对文本的识别理解能力。相反,不准确的分词处理会产生大量的噪声,严重干扰计算机的识别理解能力,并对后续的处理工作产生较大的影响。本案例使用 jieba 库进行分词的基本步骤如下。

(1)导入 jieba 库并建立一个辅助函数 chinese_word_cut(),使用 jieba 库中的 jieba.cut() 函数进行分词。

(2)调用 chinese_word_cut()函数完成分词。

(3)查看分词后的结果。

使用 jieba 库进行分词,如代码 5-6 所示。

代码 5-6　使用 jieba 库进行分词

```
def chinese_word_cut(mytext):
    return jieba.lcut(mytext)   # cut_all 参数默认为 False,使用精确模式
df_clean['cutted_content'] = df_clean['评论内容'].apply(chinese_word_cut)
df_clean.cutted_content[:5]   # 输出前 5 条数据
```

运行代码 5-6,得到分词后的结果如表 5-3 所示,每条评论内容均被切分成一个个具有独立意义的词。

表 5-3　分词后的结果

分词前评论内容	分词后评论内容
一年了着陆了着陆了给心心给心心	['一年', '了', '着陆', '了', '着陆', '了', '给', '心心', '给', '心心']
已经着陆	['已经', '着陆']
一年了啊	['一年', '了', '啊']
我国首次火星探测任务着陆火星于圆满成功	['我国', '首次', '火星', '探测', '任务', '着陆', '火星', '于', '圆满成功']
着陆了	['着陆', '了']

4. 去停用词

停用词（Stop Words），词典中译为"电脑检索中的虚字、非检索用字"，在搜索引擎优化（Search Engine Optimization，SEO）中，为了节省存储空间、提高搜索效率，在索引页面或处理搜索请求时会自动忽略某些字或词，这些被忽略的字或词就被称为停用词。在分词过程中，停用词不需要作为结果，这些词主要包括语气助词、副词、介词、连词等，如"的""地""得""我""你""他"等。因为使用频率过高，会大量出现在文本中，在进行词频统计时会增加噪声数据量，需要将这些停用词进行过滤。

在 Python 中通常使用停用词表进行去停用词处理，常用的停用词表包括四川大学机器智能实验室停用词表、哈尔滨工业大学停用词表、中文停用词表和百度停用词表等。本案例采用哈尔滨工业大学的停用词表 stopwordsHIT.txt 进行去停用词处理，将每条评论中出现在停用词表中的词去掉，如代码 5-7 所示。

代码 5-7　去停用词

```
def get_custom_stopwords(stop_words_file):
    # 以只读模式打开文件
    with open(stop_words_file, 'r', encoding='UTF-8') as f:
        stopwords = f.read()
    stopwords_list = stopwords.split('\n')
    custom_stopwords_list = [i for i in stopwords_list]
    return custom_stopwords_list

stop_words_file = '../data/stopwordsHIT.txt'
stopwords = get_custom_stopwords(stop_words_file)
df_clean['cutted_content'] = df_clean.cutted_content.apply(lambda x: [i for i in x if i not in stopwords])
df_clean['cutted_content'].head()
df_clean.to_excel('../tmp/data_clean.xlsx')    # 写入Excel
```

运行代码 5-7，得到去除停用词后的评论内容，如表 5-4 所示。

表 5-4　去停用词后的评论内容

去停用词前评论内容	去停用词后评论内容
一年了着陆了着陆了给心心给心心	['一年','着陆','着陆','心心','心心']
已经着陆	['已经','着陆']
一年了啊	['一年']
我国首次火星探测任务着陆火星于圆满成功	['我国','首次','火星','探测','任务','着陆','火星','圆满成功']
着陆了	['着陆']

5.2.3 绘制词云图

通过词云图可以从视觉上突出分词后的高频词,从而过滤掉绝大部分的低频词,使用户一眼就可获取到文本的关键信息。

经过上述的一系列文本预处理之后,先对文本进行词频统计,再使用wordcloud模块中的WordCloud()函数绘制词云图,将不同类型的评论分别进行可视化,在视觉上突出文本中出现频率较高的"关键词"。

1. 绘制评论数据的词云图

先对文本进行词频统计,将词频降序排序,然后选择排名前1000的词,使用wordcloud模块中的WordCloud()函数绘制词云图,查看分词效果。绘制评论数据的词云图,如代码5-8所示。

代码5-8 绘制评论数据的词云图

```
def words_count():
    word_dict = {}
    for index, item in df_clean.iterrows():
        for i in item.cutted_content:
            # 统计数量
            if i not in word_dict:
                word_dict[i] = 1
            else:
                word_dict[i] += 1
    return word_dict
# 调用函数
words_count()

def wordcloud_plot(mask_picture='../data/p1.jpg'):
    plt.figure(figsize=(16, 8), dpi=1080)  # 确定画布大小
    image = Image.open(mask_picture)  # 打开轮廓图片
    graph = np.array(image)  # 读取像素矩阵
    wc = WordCloud(background_color='White',  # 设置背景颜色
                    mask=graph,  # 设置背景图片
                    max_words=1000,  # 设置最大显示的字数
                    stopwords=STOPWORDS,  # 设置停用词
                    font_path='../data/simhei.ttf',  # 设置字体格式
                    random_state=30)  # 随机种子
    # 绘制0、1样本的词云图
    wc.generate_from_frequencies(words_count())  # 读取词频数据
    plt.imshow(wc)  # 绘图
    plt.axis("off")  # 去除坐标轴
    plt.show()  # 将图输出
```

```
# 调用函数绘图
wordcloud_plot()
```

运行代码 5-8，得到评论数据的词云图，如图 5-5 所示。

图 5-5　评论数据的词云图

由图 5-5 可以看出，对文本进行预处理后，分词效果大致符合预期。其中，"火星""中国""星辰""加油"等词出现频率较高。因此，可以初步判断用户对"天问一号"事件的评论中包含这些词的评论比较多。

2. 绘制不同情感类型评论数据的词云图

首先，需要对不同情感类型的评论文本进行词频统计，将词频降序排序，然后选择排名前 1000 的词，使用 wordcloud 模块中的 WordCloud()函数绘制词云图，查看分词效果，最后调用 wordcloud_plote()函数绘图，如代码 5-9 所示。

代码 5-9　绘制不同情感类型评论数据的词云图

```
# 词频统计，自编函数，参数分别为-1、0、1
def words_counte(labels=0):
    word_dict = {}
    for index, item in df_clean[df_clean['类别'] == labels].iterrows():
        for i in item.cutted_content:
            if i not in word_dict:
                # 统计数量
                word_dict[i] = 1
            else:
```

```
            word_dict[i] += 1
    return word_dict
# 调用函数
words_counte()

def wordcloud_plote(mask_picture='../data/p1.jpg'):
    image = Image.open(mask_picture)
    graph = np.array(image)
    wc = WordCloud(background_color='White',
                   mask=graph,
                   max_words=2000,
                   stopwords=STOPWORDS,
                   font_path='../data/simhei.ttf',
                   random_state=30)
    # 绘制-1、0、1样本的词云图
    labels = [-1, 0, 1]
    for label in labels:
        plt.figure(figsize=(8, 8), dpi=600)
        wc.generate_from_frequencies(words_counte(label))
        plt.imshow(wc)
        plt.axis('off')
        plt.tight_layout()
        plt.show()
# 调用函数绘图
wordcloud_plote()
```

运行代码 5-9，得到不同情感类型评论数据的词云图，如图 5-6～图 5-8 所示。

图 5-6　负面评论数据的词云图

从图 5-6 可以看出，负面评论中否定词"不""失败"较多。

图 5-7　中性评论数据的词云图

从图 5-7 可以看出，中性评论中存在与"天问一号"不相关的词语，如"系列""种菜"等。

图 5-8　正面评论数据的词云图

从图 5-8 可以看出，正面评论中"加油""中国""火星"等词较多。

负面评论大多不看好"天问一号"，认为探测任务会以失败告终。正面评论大多对"天问一号"探测任务表示支持，看好中国航天的发展。所以分词结果基本符合用户的评论情感。

5.2.4 模型构建与训练

朴素贝叶斯算法具有分类效率稳定、对小规模的数据集表现很好、能处理多分类任务、适合增量式训练等优点，也具有在特征个数较多或特征之间相关性较大时分类效果不好、分类决策错误率较高等缺点。本案例的目标为识别用户评论的情感，为三分类问题，因此采用朴素贝叶斯算法建立用户情感分析模型。在构建模型之前还需进行文本向量化操作，划分数据集之后，使用 MultinomialNB 类实现多项式朴素贝叶斯分类模型，最后，评估训练好的模型性能并利用模型识别用户评论的情感类型。

1. 朴素贝叶斯算法的原理

贝叶斯算法是一系列分类算法的总称，均以贝叶斯定理为基础。贝叶斯定理解决了现实生活中经常遇到的问题，例如，已知某条件概率，如何得到两个事件交换后的概率，也就是已知事件 B 发生条件下事件 A 发生的概率 $[P(A|B)]$，如何求得事件 A 发生条件下事件 B 发生的概率 $[即 P(B|A)]$。

1）朴素贝叶斯算法流程

朴素贝叶斯算法分为三个阶段，其算法流程如图 5-9 所示。其中，$p(y_i)$ 为类别 y_i 的概率，$P(x|y_i)$ 为类别 y_i 下属于特征 x 的概率，$P(x|y_i)p(y_i)$ 为既属于类别 y_i 又属于特征 x 的概率。

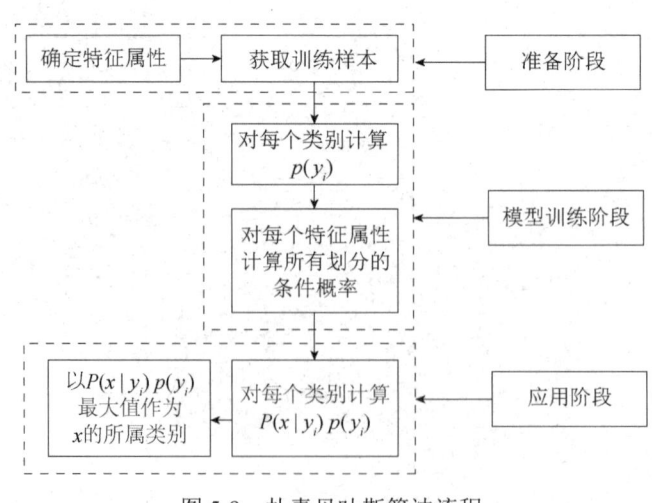

图 5-9 朴素贝叶斯算法流程

（1）准备阶段。该阶段的输入是所有待分类的数据，输出是特征属性和训练样本。其主要任务是根据具体情况确定特征属性，并对每个特征属性进行适当划分，然后由人工对一部分待分类数据进行分类，形成训练样本。该阶段是整个朴素贝叶斯算法中唯一需要人工完成的阶段，其质量对整个算法有重要影响，算法的质量很大程度上由特征属性、特征属性的划分以及训练样本质量决定。

（2）模型训练阶段。该阶段的输入是特征属性和训练样本，输出是分类模型。其主要任务是生成分类模型，计算每个类别在训练样本中的出现概率以及每个特征属性所有划分的条件概率，并记录结果。该阶段是机械性阶段，由程序自动计算完成。

（3）应用阶段。该阶段的输入是分类模型和待分类数据，输出是待分类数据与类别的映射关系。其主要任务是使用分类模型对待分类数据进行分类。该阶段同样是机械性阶段，由程序完成。

2）朴素贝叶斯算法在用户评论情感分类中的应用

假设每个用户的评论就是一篇文本，识别出该文本属于正面评论、负面评论还是中性评论就是分类的过程，其中类别为{正面评论,中性评论,负面评论}。其过程需要寻找文本的某些特征，然后根据这些特征将文本归为某个类别。

假设已经有分好类的 n 篇文本 $(d_1,c_1),(d_2,c_2),\cdots,(d_n,c_n)$，其中，$d_i$ 表示第 i 篇文本，c_i 表示第 i 个类别。目标是寻找一个分类模型，当给它一篇新文本时，它就能输出该文本最有可能属于哪个类别。

2. 构建情感分析模型

本案例使用朴素贝叶斯算法，准备阶段包括确定特征属性（文本向量化）和划分数据集，训练阶段使用多项式朴素贝叶斯（Multinomial Naive Bayes）算法进行训练，然后进行模型评估。下面介绍准备阶段和训练阶段。

1）文本向量化

由于文本无法直接用于建模，因此需要将文本表示成计算机能够直接处理的形式，即文本向量化。利用词频矩阵对文本进行向量化，其中每行表示一篇文本，每列表示所有文本中的词，其交叉项数值则为该词在这篇文本中出现的次数。

Python 中的 sklearn 库包含许多可以实现文本数据统计的函数，CountVectorizer()函数可以统计分词后的词频，TfidfTransformer()函数可以给每个词赋予不同的权重，以此来找到权重比较大的词，也就是重要的特征属性，这一步称为转换成 TF-IDF 权重向量，即创建词频矩阵以将文本转换成符合朴素贝叶斯算法的数据形式，如代码 5-10 所示。首先将经过文本预处理后得到的词转换成字符串，并且词与词之间用 join()函数以空格分隔，然后将特征和标签分开，最后使用CountVectorizer类通过 fit_transform()函数将文本中的词转换为词频矩阵，矩阵元素 a[i][j]表示第 j 个词在第 i 个评论中的词频，即各个词出现的次数，通过 get_feature_names()函数可以查看所有文本的关键词，通过 toarray()函数可以查看词频矩阵的结果。

代码 5-10　创建词频矩阵

```python
import pandas as pd
from sklearn.feature_extraction.text import CountVectorizer  # 文本特征提取
from sklearn.metrics import confusion_matrix, classification_report  # 机器学习评估
from sklearn.model_selection import train_test_split
from sklearn.naive_bayes import MultinomialNB  # 导入机器学习NB算法

df_clean = pd.read_excel('../tmp/data_clean.xlsx')
df_clean = df_clean.iloc[:,[4,6,9,10]]  # 只提取关键特征列
df_clean = df_clean.dropna(how='any')  # 去空值
def join_words(words):
    return ' '.join(words)
df_clean['cutted_content'] = df_clean['cutted_content'].apply(join_words)
df_clean = df_clean.dropna(how='any')
df_clean.cutted_content.head()
# 把特征和标签拆开
X = df_clean[['评论时间','点赞数','cutted_content']]
y = df_clean['类别']
print(X.head())
print(y.head())

# 生成词频矩阵1
# 文本特征提取方法。对于每个训练文本，它只考虑每种词在该训练文本中出现的次数
vect = CountVectorizer(analyzer='char', token_pattern='(?u)\b\w+\b')
# 将文本中的词转换为词频矩阵
term_matrix_1 = pd.DataFrame(vect.fit_transform(X.cutted_content).toarray(),
                    columns=vect.get_feature_names())
# 用fit_transform()函数训练模型，然后根据输入的训练数据返回一个转换矩阵
# get_feature_names()：获取矩阵中每个位置代表的意义
# toarray()：将稀疏矩阵转换成多维数组
term_matrix_1.head()

# 生成词频矩阵2
max_df = 0.8  # 去除过于平凡的词
min_df = 5    # 去除过于独特的词
stop_words_file = '../data/stopwordsHIT.txt'
def get_custom_stopwords(stop_words_file):
```

```
    # 以只读模式打开文件
    with open(stop_words_file, 'r', encoding='UTF-8') as f:
        stopwords = f.read()
    stopwords_list = stopwords.split('\n')
    custom_stopwords_list = [i for i in stopwords_list]
    return custom_stopwords_list
stopwords = get_custom_stopwords(stop_words_file)
vect = CountVectorizer(max_df=max_df, min_df=min_df,
                    token_pattern='(?u)\\b[^\\d\\W]\\w+\\b',
                    analyzer='char', stop_words=frozenset(stopwords))
term_matrix_2 = pd.DataFrame(vect.fit_transform(X.cutted_content).toarray(),
                    columns=vect.get_feature_names())
print(term_matrix_2.head())
```

代码 5-10 使用了两种方法分别得到词频矩阵 1 和词频矩阵 2。第一种方法先使用默认参数建立一个 CountVectorizer 类的实例 vect，对于每个训练文本，它只考虑每种词在该训练文本中出现的次数，并通过 fit_transform()函数计算各个词出现的次数，再通过 pandas 库转换为词频矩阵。该方法提取到的特征较多，其中列数就是特征数，有 2610 个。第二种方法是使用 CountVectorizer 类的参数设置。由于部分特征是无意义的，因此需要对 CountVectorizer 类的参数设置进行改进，一共设置了 3 层特征词过滤，即 max_df 和 min_df、token_pattern、stop_words_file，分别对应去除在超过所设置比例的文档中均出现的词（过于平凡）以及仅在低于所设置数量的文档中出现的词（过于独特）、设置过滤规则、设置停用词。赋值给 token_pattern 的字符串"(?u)\\b[^\\d\\W]\\w+\\b"是一个正则表达式。其中，"(?u)"表示匹配中对大小写不敏感，"\b"表示匹配两个词的间隔（可以简单地理解为空格），"^"表示对匹配项取反，"\d"表示匹配数字，"\W"表示匹配特殊字符，即"[^\\d\\W]"表示匹配非数字、非特殊字符，"\w+"表示匹配一个或多个字母、数字、下画线、汉字，最终得到的特征数为 1401 个，相较于第一种方法减少了很多。

运行代码 5-10，两种方法得到的词频矩阵部分结果展示分别如表 5-5 与表 5-6 所示，矩阵的每行代表一条评论，数值表示该评论中出现该词的次数。

表 5-5　第一种方法的词频矩阵部分结果展示

	'	,	[	]	一	丁	七	万	丈	…
0	25	10	4	1	1	1	0	0	1	0	…
1	10	4	1	1	1	0	0	0	0	0	…
2	5	2	0	1	1	1	0	0	0	0	…
3	42	16	7	1	1	0	0	0	0	0	…
4	5	2	0	1	1	0	0	0	0	0	…
…	…	…	…	…	…	…	…	…	…	…	…

表 5-6 第二种方法的词频矩阵部分结果展示

	一	七	万	三	上	下	不	与	专	世	…
0	1	0	0	0	0	1	0	0	0	0	…
1	0	0	0	0	0	0	0	0	0	0	…
2	1	0	0	0	0	0	0	0	0	0	…
3	0	0	0	0	0	0	0	0	0	0	…
4	0	0	0	0	0	0	0	0	0	0	…
…	…	…	…	…	…	…	…	…	…	…	…

2）划分数据集

使用 train_test_split()函数划分数据集，在默认模式下，函数对训练集和测试集的划分比例为 3∶1。现设置参数 test_size（测试集大小）为 0.2，也就是训练集和测试集的划分比例为 4∶1。设置参数 random_state（随机种子）的取值，其目的是保证在不同环境中随机数取值一致，以便验证模型的实际效果。将数据集划分为训练集和测试集，如代码 5-11 所示。

代码 5-11 将数据集划分为训练集和测试集

```
# 划分数据集
x_train, x_test, y_train, y_test = train_test_split(term_matrix_2,
                                        y, random_state=1, test_size=0.2)
print('训练集数据的形状: ', x_train.shape)
print('训练集标签的形状: ', y_train.shape)
print('测试集数据的形状: ', x_test.shape)
print('测试集标签的形状: ', y_test.shape)
```

运行代码 5-11，得到训练集数据与标签数据 8304 条，测试集数据与标签数据 2076 条。

3）训练模型

训练集已经经过文本向量化处理，下面利用向量化处理后生成的特征矩阵来训练模型。Python 中的机器学习库 sklearn 提供了三种朴素贝叶斯分类算法，分别是高斯朴素贝叶斯（Gaussian Naive Bayes）算法、伯努利朴素贝叶斯（Bernoulli Naive Bayes）算法和多项式朴素贝叶斯（Multinomial Naive Bayes）算法。这三种算法适用的场景不同，可以根据特征进行选择。

高斯朴素贝叶斯算法适用于特征是连续变量且符合高斯分布的情况，如学生的成绩、物品的价格。

伯努利朴素贝叶斯算法适用于特征是布尔变量且符合 0/1 分布的情况，在文本分类中其特征是该词是否出现。

多项式朴素贝叶斯算法适用于特征是离散变量且符合多项式分布的情况，在文本分类中，其特征为该词出现的次数，或该词的 TF-IDF 值等。本案例的特征是离散变量，因此采用多项式朴素贝叶斯算法。

使用 sklearn 库中 naive_bayes 模块的 MultinomialNB 类可以实现多项式朴素贝叶斯算法，MultinomialNB 类的基本使用格式如下。

```
class naive_bayes.MultinomialNB(alpha=1.0, fit_prior=True, class_prior=None)
```

MultinomialNB 类的常用参数及其说明如表 5-7 所示。

表 5-7　MultinomialNB 类的常用参数及其说明

参数名称	说明
alpha	接收 float，表示附加的平滑参数（Laplace/Lidstone），0 是不平滑，默认为 1.0
fit_prior	接收 boolean，表示是否学习经典先验概率，如果是 False 则采用 uniform 先验，默认为 True
class_prior	接收 array-like 和 size(n_classes)，表示是否指定类的先验概率，如果指定则不能根据参数调整，默认为 None

构建、训练模型并进行分类预测，如代码 5-12 所示。

代码 5-12　构建、训练模型并进行分类预测

```
model_nb = MultinomialNB().fit(x_train, y_train)   # 构建多项式朴素贝叶斯模型
res_nb = model_nb.predict(x_test)   # 分类预测
```

运行代码 5-12，得到分类预测结果如表 5-8 所示。

表 5-8　分类预测结果

index	cutted_content	类别_	pre
10230	['征途', '星辰', '大海', '加油']	1	1
1183	['终于', '拯救', '楼主']	0	0
3946	['留下', '足迹']	0	1
3501	['芜湖']	1	1
5466	['第一', '热词', '系列', '知识', '增加']	0	0
…	…	…	…

从表 5-8 可以看出，该模型的大部分分类预测结果与真实类别一致，但也存在少数不一致（如索引为 3946 的记录），因此需要对模型进行评估。

5.2.5　模型评估

常见的分类模型评估指标有混淆矩阵（也称误差矩阵，Confusion Matrix）、ROC 曲线和 AUC 面积 3 种。其中，混淆矩阵是绘制 ROC 曲线的基础，也是衡量分类模型准确率最基本、最直观的方法之一。分别统计分类预测正确和错误的样本个数，然后将结果放在一个表里展

示出来，得到的这个表就是混淆矩阵。简单的二分类问题的混淆矩阵如表5-9所示。矩阵中的TP表示预测为1，实际为1，预测正确；FP表示预测为1，实际为0，预测错误；FN表示预测为0，实际为1，预测错误；TN表示预测为0，实际为0，预测正确。

表5-9 二分类问题的混淆矩阵

		实际	
		1	0
预测	1	TP	FN
	0	FP	TN

混淆矩阵中统计的是个数，有时面对包括大量数据的应用场景，仅凭个数很难衡量模型的优劣。因此，混淆矩阵在基本的统计结果上又延伸了四个指标，即准确率、精确率、召回率和F1值。准确率是预测正确的结果占总样本的比例；精确率是在一定实验条件下多次预测的平均值与实际值相符合的程度，以误差来表示，用于表示系统误差的大小；召回率是广泛用于信息检索和统计学分类领域的度量值，用于评估结果的质量；F-Measure又称为F-Score，F1值是F-Score在$\beta=1$时的特例，即精确率和召回率的调和平均数，综合考虑精确率与召回率。

本案例选用准确率、精确率、召回率和F1值四个指标来评估模型。本案例研究的是用户评论情感类别的识别，更关心对负面评论的判别情况，所以召回率表示被正确分类的负面评论所占的比例，召回率越高，表示模型将负面评论误划分为正面评论的概率越低，模型效果越好；精确率主要关注的是，被划分为负面评论的样本中，真正属于负面评论的样本所占的比例，精确率越高，模型效果越好。对构建好的模型进行评估，如代码5-13所示。

代码5-13 模型评估

```
from sklearn.metrics import precision_score, recall_score, f1_score
from sklearn.metrics import accuracy_score
print('混淆矩阵如下:\n',confusion_matrix(y_test, res_nb))  # 混淆矩阵
classification_report(y_test, res_nb)  # 结果报告
evaluate_accuracy = accuracy_score(y_test, res_nb)
print('准确率为%.2f%%:' % (evaluate_accuracy * 100.0))
evaluate_p = precision_score(y_test, res_nb, average='micro')
print('精确率为%.2f%%' % (evaluate_p * 100.0))
evaluate_recall = recall_score(y_test, res_nb, average='micro')
print('召回率为%.2f%%:' % (evaluate_recall * 100.0))
evaluate_f1 = f1_score(y_test, res_nb, average='micro')
print('F1 值为%.2f%%:' % (evaluate_f1 * 100.0))
print('多项式朴素贝叶斯模型的性能报告: \n', classification_report(y_test, res_nb))
```

运行代码5-13，得到多项式朴素贝叶斯模型的评估结果和性能报告如表5-10和表5-11

所示,可以看出模型的准确率达到 69.17%。

表 5-10　多项式朴素贝叶斯模型评估结果

模型	准确率/%	精确率/%	召回率/%	F1 值/%
多项式朴素贝叶斯模型	69.17	69.17	69.17	69.17

表 5-11　多项式朴素贝叶斯模型的性能报告

类别	精确率/%	召回率/%	F1 值/%
-1	23	23	23
0	68	68	68
1	74	74	74

值得一提的是,这里使用的是代码 5-10 中的第二种方法,将常见或低频的词去掉,但这些词可能能够充分表现出用户评论的情感立场,因此如果去掉太多,一定程度上会影响模型的准确率等性能数值。

使用代码 5-10 中的第一种方法,然后划分训练集,并构建多项式朴素贝叶斯模型,得到的模型评估结果和性能报告如表 5-12 和表 5-13 所示,可以看出模型的准确率达到了 69.89%。

表 5-12　多项式朴素贝叶斯模型评估结果

模型	准确率/%	精确率/%	召回率/%	F1 值/%
多项式朴素贝叶斯模型	69.89	69.89	69.89	69.89

表 5-13　多项式朴素贝叶斯模型的性能报告

类别	精确率/%	召回率/%	F1 值/%
-1	23	12	15
0	68	69	69
1	73	75	74

5.2.6　模型优化

模型优化是在原有模型的基础上寻找一个改进的方向,可能根据此方向改进的模型并不是最优的,但会比原有模型效果更佳。本案例采取的优化方法是对特征数据做标准化处理。

1. 数据标准化

模型最初建立时直接选择了"评论时间""点赞数""类别""cutted_content" 4 个特征,没有考虑评论时间数据的特殊类型,以及点赞数的数据差异问题,有可能对模型的效果产生一定影响。为了使模型得到更好的效果,提高模型准确率与预测准确率,需要对评论时间和点赞数的数据进行标准化处理。

对于评论时间列，使用 pandas 模块下的 datetime()函数将评论时间列转换为时间类型，并进行字符串截取，保留日期信息。使用 split()函数对评论时间列通过分隔符"-"进行字符串切分，形成新的 3 列，即"年""月""日"，最后将字符串内容进行合并得到一列新的内容。例如，时间"2020-05-15 00:00:00"经过处理后得到的数据为"20200515"。对于点赞数列，由于点赞数中有太多的数值 0，需要对数值进行统一的加 1 处理。之后即可统一评论时间与点赞数两列的数据级数，做数据标准化处理，使用 sklearn 模块的 preprocessing 离差标准化方法，如代码 5-14 所示。

代码 5-14 数据标准化

```python
import pandas as pd
df = pd.read_csv('../data/Comments.csv')
df['评论时间'] = df['评论时间'].astype(str)
time_target = ['2']
index_target = df['评论时间'].apply(lambda x: sum([i in x for i in time_target])>0)
df = df.loc[index_target, :]    # 评论时间列异常值处理
df['评论时间'] = pd.to_datetime(df['评论时间'])   # 转换为时间类型
temp = df[['评论时间', '评论内容']]
re_time = []  # 用于保存切分的年月日
for i in range(len(temp)):
    j=str(temp.iloc[i,0])[0:10]   # 字符串截取
    re_time.append(j)
temp['评论时间']=re_time
temp = temp.iloc[:,0]
z=[]
for i in temp:
    i=str(i).split("-",3)   # 使用 split()函数切分字符串，定义好分隔符与切分份数
    z.append(i)
z = pd.DataFrame(z)
z.columns = list('年月日')
z['日期'] = z['年'].str.cat(z['月'].str)   # 字符串合并
z['日期'] = z['日期'].str.cat(z['日'].str)
z['点赞数'] = df['点赞数']
z = z.iloc[:,[3,4]]

# 离差标准化之前做点赞数加 1 处理
from sklearn import preprocessing
import numpy as np
import pandas as pd
z = z.replace(to_replace='-', value=np.nan)   # 空值替代特殊字符
z = z.dropna(how='any')   # 去空值处理
z['点赞数'] = pd.to_numeric(z['点赞数']).round(0).astype(int)   # 转换为整型
va = []
for i in z['点赞数']:
    i = i+1
```

```
        va.append(i)
va = pd.DataFrame(va,columns=['点赞数'])
z['点赞数'] = va['点赞数']
z = z.dropna(how='any')
min_max_scaler = preprocessing.MinMaxScaler()
z1 = min_max_scaler.fit_transform(z)
z1 = pd.DataFrame(z1)
z1 = z1.rename(columns={0:'日期',1:'点赞数'})    # 更改列名
```

运行代码 5-14，得到的结果如表 5-14 所示，可以看出目标数据均变成了 0~1 的数。

表 5-14　数据标准化结果

Index	日期	点赞数
0	0.981328	0
1	0.981328	0
2	0.981328	0
3	0.981328	0.000235165
4	0.981328	0.000156777
5	0.981328	7.83883e-05
6	0.960615	0.000156777
7	0.951668	0.000548718
8	0.951668	0
9	0.951571	0
10	0.950987	7.83883e-05

2. 模型训练与模型评估

经过数据标准化处理后，将得到的结果添加到原始数据中的"类别"与"cutted_content"两列，重新训练模型并进行模型评估，如代码 5-15 所示。

代码 5-15　模型训练与模型评估

```
import pandas as pd
from sklearn.feature_extraction.text import CountVectorizer    # 文本特征提取
from sklearn.metrics import confusion_matrix, classification_report    # 机器学习评估
from sklearn.model_selection import train_test_split
from sklearn.naive_bayes import MultinomialNB    # 导入机器学习 NB 算法
df_clean = pd.read_excel('../tmp/data_clean.xlsx')
df_clean = df_clean.iloc[:,[9,10]]    # 只提取关键特征列
z1 = z1.join(df_clean)
def join_words(words):
    return ' '.join(words)
z1['cutted_content'] = z1['cutted_content'].apply(join_words)
z1 = z1.dropna(how='any')
z1.cutted_content.head()
# 把特征和标签拆开
```

```python
X = z1[['日期','点赞数','cutted_content']]
y = z1['类别']
print(X.head())
print(y.head())

# 生成词频矩阵1
# 文本特征提取方法。对于每个训练文本，它只考虑每种词在该训练文本中出现的次数
vect = CountVectorizer(analyzer='char', token_pattern='(?u)\b\w+\b')
# 将文本中的词转换为词频矩阵
term_matrix_1 = pd.DataFrame(vect.fit_transform(X.cutted_content).toarray(),
                    columns=vect.get_feature_names())
# 用fit_transform()函数训练模型，然后根据输入的训练数据返回一个转换矩阵
# get_feature_names()：获取矩阵中，每个位置代表的意义
# toarray()：将稀疏矩阵转换成多维数组
term_matrix_1.head()

# 生成词频矩阵2
max_df = 0.8  # 去除过于平凡的词
min_df = 5    # 去除过于独特的词
stop_words_file = '../data/stopwordsHIT.txt'
def get_custom_stopwords(stop_words_file):
    # 以只读模式打开文件
    with open(stop_words_file, 'r', encoding='UTF-8') as f:
        stopwords = f.read()
    stopwords_list = stopwords.split('\n')
    custom_stopwords_list = [i for i in stopwords_list]
    return custom_stopwords_list
stopwords = get_custom_stopwords(stop_words_file)
vect = CountVectorizer(max_df=max_df, min_df=min_df,
                token_pattern='(?u)\\b[^\\d\\W]\\w+\\b',
                analyzer='char', stop_words=frozenset(stopwords))
term_matrix_2 = pd.DataFrame(vect.fit_transform(X.cutted_content).toarray(),
                    columns=vect.get_feature_names())
print(term_matrix_2.head())

# 划分数据集
x_train, x_test, y_train, y_test = train_test_split(term_matrix_1, y,
random_state=1, test_size=0.2)
print('训练集数据的形状: ', x_train.shape)
print('训练集标签的形状: ', y_train.shape)
print('测试集数据的形状: ', x_test.shape)
print('测试集标签的形状: ', y_test.shape)

model_nb = MultinomialNB().fit(x_train, y_train)   # 构建多项式朴素贝叶斯模型
res_nb = model_nb.predict(x_test)   # 分类预测

from sklearn.metrics import precision_score, recall_score, f1_score
from sklearn.metrics import accuracy_score
```

```python
print('混淆矩阵如下:\n',confusion_matrix(y_test, res_nb))  # 混淆矩阵
classification_report(y_test, res_nb)  # 结果报告
evaluate_accuracy = accuracy_score(y_test, res_nb)
print('准确率为%.2f%%:' % (evaluate_accuracy * 100.0))
evaluate_p = precision_score(y_test, res_nb, average='micro')
print('精确率为%.2f%%' % (evaluate_p * 100.0))
evaluate_recall = recall_score(y_test, res_nb, average='micro')
print('召回率为%.2f%%:' % (evaluate_recall * 100.0))
evaluate_f1 = f1_score(y_test, res_nb, average='micro')
print('F1值为%.2f%%:' % (evaluate_f1 * 100.0))
print('多项式朴素贝叶斯模型的性能报告:\n', classification_report(y_test, res_nb))
```

运行代码5-15，得到分类预测结果如表5-15所示。

表5-15 分类预测结果

index	cutted_content	类别_	pre
3081	['以后', '发射', '不能', '整个', '空中', '视角', '大海', '陆地', '火箭', '都', '拍', '进去', '那种', '坏', '笑']	0	0
9361	['智慧结晶']	1	1
676	['太', '需要', '振奋人心', '消息', '加油', '鼓掌', '鼓掌', '鼓掌']	1	1
8417	['呼', '星星', '眼']	0	0
6241	['祝融', '名字', '真的', '好听', '文化底蕴']	1	1
…	…	…	…

前5行的分类预测结果都与真实类别一致，但在总体样本中也会出现不一致的情况，模型评估结果和性能报告如表5-16和表5-17所示。

表5-16 多项式朴素贝叶斯模型评估结果

模型	准确率/%	精确率/%	召回率/%	F1值/%
多项式朴素贝叶斯模型	70.6	70.6	70.6	70.6

表5-17 多项式朴素贝叶斯模型的性能报告

类别	精确率/%	召回率/%	F1值/%
−1	20	8	11
0	69	72	70
1	74	75	74

可以看出模型的准确率达到70.6%，其中对于负面评论的分类预测效果依旧很不理想，这与原始数据量较少、负面评论所占比例过低有一定关系。同时负面评论中很多并不是对"天问一号"事件本身的看法，而是对于视频配乐、形式的吐槽，并且评论本身会联动以往的热门话题，这些因素对于模型来说都有可能产生不良的影响，从而降低了模型性能效果。

本章小结

本章通过朴素贝叶斯算法对"天问一号"事件中某网站用户在相关视频下的评论进行情感分析,将其分类。首先进行了数据探索与文本预处理等操作,分析了每类评论的基本特征,其次构建了多项式朴素贝叶斯模型,最后通过准确率、精确率、召回率和F1值四个指标对模型进行评估。

课后习题

按照本章案例的流程对 data.csv 中的数据进行情感分析。data.csv 中的数据来自某订餐平台用户对饭菜的评论。

(1)打开文件。

(2)绘制正负情感类型评论的数量分布饼图。

(3)对数据进行特殊字符处理。

(4)使用 jieba 库进行分词。

(5)分词后去停用词。

(6)绘制词云图。

(7)进行文本向量化处理。

(8)将数据集划分为训练集和测试集。

(9)使用朴素贝叶斯算法构建情感分析模型。

(10)通过准确率、精确率、召回率和F1值四个指标对构建的模型进行评估。

第 6 章

游客景区印象分析

随着生活水平的提高,旅游逐渐成为人们提升生活质量的一种重要方式。随着数字经济的快速发展,人们在选择旅游目的地时,通常会在旅游网站搜索目的地的相关情况,其他游客的评论逐渐成为人们选择旅游目的地的重要参考标准,因此,提升景区的美誉度就成为相关旅游企业非常重视的工作。本章将通过已收集到的景区评论、评分数据,深度挖掘各景区的评分情况、特色等,进而为旅游企业如何提高景区美誉度以及游客的旅游满意度等提供优化策略。

学习目标

(1)了解游客景区印象分析的背景、数据和分析目标。
(2)掌握文本预处理的方法,对文本数据进行去除垃圾评论、分词与去停用词、去除无效评论等操作。
(3)掌握词云图的绘制方法,绘制景区印象词云图。
(4)掌握基于 K-means 算法的特征聚类方法,分析景区特色。

6.1 业务背景与项目目标

对景区的评论数据进行分析,可以为相关旅游企业提供提升景区美誉度的建议,从而使景区的客源能够相对稳定,为旅游业的发展起到积极作用。本节主要讲解游客景区印象分析案例的业务背景、数据说明和分析目标。

6.1.1 业务背景

随着经济的不断发展和人民生活水平的不断提升,旅游已经逐渐成为人们生活中一个重要的部分。但是,我国大部分景区配套设施不够完善,大部分旅游产品仍以传统面貌展示,存在缺乏创新、品种单一等问题。与此同时,各个景区严重同质化,缺少自身特点,在旅游市场中,各企业、相关部门缺乏差异化竞争,企业经营效果不佳。如何提高旅游企业的经营收益、完善景区的资源配置等,已成为各大旅游企业需要解决的主要难题。

除此之外,人们在对旅游目的地进行选择时,除了查看该目的地拥有的景区、酒店等场所是否满足自己的旅游需求,还会查看以往游客的评论。景区的评论信息是一种非正式的传播方式,这种传播方式在很大程度上影响着游客的决策行为。景区的评论信息一方面可以帮助游客准确了解其交通、酒店等基本信息与服务信息,根据相应的评论内容,做出合理的旅行消费选择;另一方面,可以帮助旅游企业或相关部门基于大量的评论反馈对景点进行更有针对性、实效性的质量管理,进而增加客流量,提高经营效益。

6.1.2 数据说明

某企业收集了自家旅游平台近几年的景区评论、评分数据,该数据共有 4 张数据表,本案例选取其中的"景区评论"表和"景区评分"表,其数据说明分别如表 6-1 和表 6-2 所示。

表 6-1 "景区评论"表数据说明

属性名称	示例
景区名称	A01
评论日期	2020-06-16
评论内容	是亲子游的绝佳场所

表 6-2　"景区评分"表数据说明

属性名称	示例
景区名称	A01
总得分	4.4
服务得分	3.8
位置得分	4.9
设施得分	4.9
卫生得分	4.5
性价比得分	4.5

6.1.3 分析目标

本案例结合旅游平台的景区评论和评分数据，主要实现以下目标。

（1）绘制评论数据的词云图，分析游客的直观印象。

（2）通过聚类分析各景区的特色。

游客景区印象分析总体流程如图 6-1 所示，主要包括以下步骤。

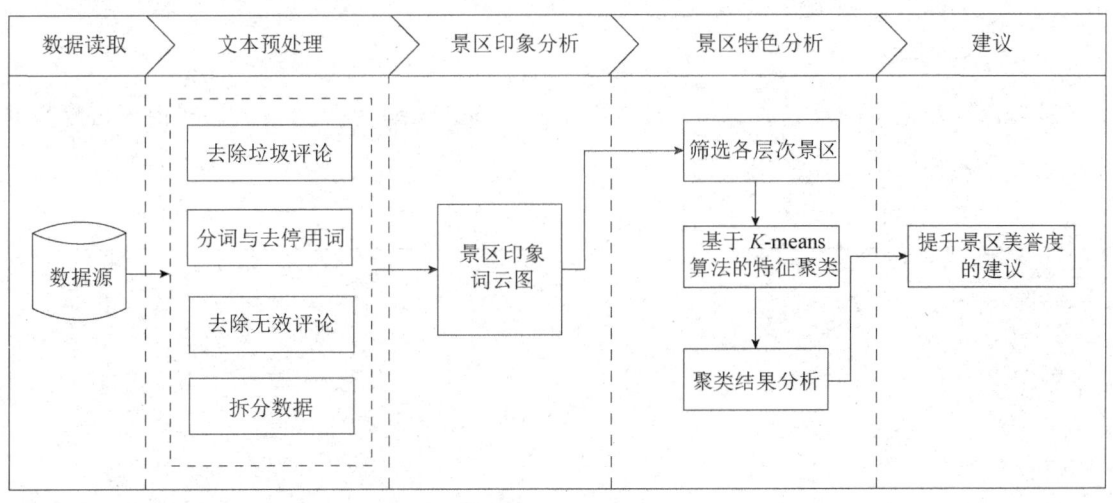

图 6-1　游客景区印象分析总体流程

（1）数据读取：读取"景区评论"表和"景区评分"表的数据。

（2）文本预处理：对"景区评论"表进行文本预处理，包括去除垃圾评论、分词与去停用词、去除无效评论等。

（3）景区印象分析：根据处理后的文本数据，绘制景区印象词云图。

（4）景区特色分析：使用 K-means 算法挖掘低、中和高层次景区的特色。

（5）建议：根据景区特色分析结果，提出提升景区美誉度的建议。

6.2 分析方法与流程

6.2.1 文本预处理

平台上的评论经常会出现内容不相关或无效、信息重复等情况，即垃圾评论。所谓垃圾评论主要包含相似评论、无效评论（长度很短、毫无理由的夸赞或诋毁等）和无关评论（意义不明、全是符号等）。

文本预处理的目标是找出并清理掉不能提供有效信息的垃圾评论，保留真正的、有价值的评论。本案例主要使用基于规则的方法和基于机器学习的无监督学习方法进行文本预处理。

1. 去除垃圾评论

针对本案例的垃圾评论，主要总结出两种类型，分别为重复评论和内容性垃圾评论。在数据分析时，垃圾评论数据可能会导致垃圾结果，即基于这些数据分析得出的结果和决定是不可靠的，为此需要去除。

1）去除重复评论

针对评论数据中的重复数据，直接调用 drop_duplicates()函数去除，同时保留重复数据中的第一条，如代码6-1所示。

代码6-1　去除重复评论

```
import pandas as pd
import numpy as np
import jieba
from collections import Counter
import re
from sklearn.feature_extraction.text import CountVectorizer
from sklearn.feature_extraction.text import TfidfTransformer

# 对完全重复的评论进行去重
scenic = pd.read_excel('../data/景区评论.xlsx')
print('去重前: ', scenic.shape)
scenic = scenic.drop_duplicates()
print('去重前: ', scenic.shape)
```

运行代码6-1，共删除了305条重复的评论。

2）去除内容性垃圾评论

针对内容性垃圾评论，主要采用以下3个步骤去除。

（1）经观察，在字符长度低于 8 的评论中，出现了较多的无效评论，可分析出这些评论的作用不大，可将其直接去除。

（2）评论中存在凑字数、混经验和刷广告的情况，为此，根据"小程序""凑字""字数""个字"这 4 个关键词进行去除。

（3）在评论字符长度为 8 及以上的情况下，若同一个句子中某个字出现的频率达到 30%，或某 2 个词（或 3 个词）加起来出现的频率高于 75%，则此类评论均为刷字数。为此，针对这种情况下的评论数据，可将其去除。

去除内容性垃圾评论如代码 6-2 所示。

代码 6-2　去除内容性垃圾评论

```
# 去除字符长度低于 8 的评论
temp = scenic['评论内容']
num = temp.map(lambda x:len(x) < 8).sum()
scenic = scenic[scenic.apply(lambda x:len(x['评论内容']) >= 8, axis=1)]

# 去除凑字数、刷广告等评论
def delete_comment(x):
    x = x['评论内容']
    if ('小程序' in x and len(x)<70):
        return True
    elif '凑字' in x:
        return True
    elif ('字数' in x and len(x)<70):
        return True
    elif ('个字' in x and len(x)<70):
        return True
    return False
scenic = scenic[~scenic.apply(delete_comment, axis=1)]

# 去除刷字数的评论
def delete(content):
    new_comment = content['评论内容']
    new_comment = [i for i in jieba.cut(new_comment) if i.strip()]
    counter = Counter(new_comment)
    num = len(new_comment)
    temp = counter.most_common(num)
    count = 0
    for x, y in enumerate(temp):
        count += y[1]
        if count > num / 2 and x + 1 <= min(3, num*0.1):
            return True
    return False
scenic = scenic[~scenic.apply(delete, axis=1)]
print('数据维度: ', scenic.shape)
```

去除内容性垃圾评论后，景区评论数据维度为(58165, 3)。

2. 分词与去停用词

在排除无效评论前，首先需要对评论文本进行分词与去停用词处理，然后才能根据去停用词后的数据计算每个句子的 TF-IDF 值。

在文本分析中，通常会对中文进行分词，分完词还不能进行数据分析，因为此时还存在一些常见的停用词。停用词是功能极其普遍，与其他词相比没有什么实际含义的词，如"啊""在""的""了"等虚词，主要包含副词、冠词、代词等。由于虚词在文本中并没有实际的分析意义，所以在研究文本分类等数据挖掘问题时，经常会将它们预先去除，既可以减少存储空间、降低计算成本，又可以防止它们干扰分类模型的性能。

下面利用 Python 中的 jieba 库进行分词处理，并对分词后的数据进行去停用词操作，如代码 6-3 所示。

代码 6-3　分词与去停用词

```
# 导入停用词表，并提取相关字符
with open('../data/stopword.txt', 'r', encoding='utf8') as f:
    stopword = [i.strip() for i in f.readlines()]
# 提取评论内容
scenic['评论内容'] = scenic['评论内容'].apply(lambda x: re.sub(r'[^\u4e00-\u9fa5]', '', x))
# 对去除内容性垃圾评论后的数据进行分词与去停用词，用于后续计算 TF-IDF 值
temp = scenic[['评论内容']].applymap(lambda x:
                    [i for i in jieba.lcut(x) if i not in stopword])
corpus = list(temp['评论内容'])
```

3. 排除无效评论

通常情况下，如果一条评论中的所有词重要性都不强，那么这条评论的重要性也不强，极可能是无效评论。基于此假设，本案例使用基于机器学习的无监督学习去除无效评论。构造 TIS 指标，如式（6-1）所示。

$$TIS = \frac{\sum_{i}^{n} d_i}{\text{len}(S)} \times \log_2 \text{len}(S) \qquad (6-1)$$

其中，TIS 为评论的 TF-IDF 值；S 表示评论；$\text{len}(S)$ 表示评论长度；d_i 表示评论中第 i 个位置的词向量。

经过观察，当景区评论的 TIS $\geq$ 0.1 时，排除无效评论的效果最好。排除无效评论如代码 6-4 所示。

代码 6-4　排除无效评论

```
# 排除无效评论
corpus = [' '.join(x) for x in corpus]
vt = CountVectorizer()
X = vt.fit_transform(corpus)
tf = TfidfTransformer()
tfidf = tf.fit_transform(X)
# 构造 TIS 指标
sentence_len = np.array([len(x.split(' ')) for x in corpus])
array = [(x, y) for x, y in enumerate(list(
    np.sum(tfidf.toarray(), axis=1)/sentence_len*np.log2(sentence_len)))]
scenic = scenic.iloc[[x[0] for x in array if x[1] >= 0.1]]
scenic.to_csv('../tmp/排除无效评论后的景区评论数据.csv', index=False, encoding=
'utf-8 sig')
```

4. 拆分数据

为了后续能更快速、更精准地进行文本挖掘，还需对排除无效评论后的景区评论数据进行拆分，将每个景区拆分成一个文件，文件数据包含排除无效评论后的景区名称、评论日期、评论内容。拆分数据如代码 6-5 所示。

代码 6-5　拆分数据

```
# 拆分数据，即每个景区为一个文件
# 对排除无效评论后的评论内容进行分词、去停用词
nr = scenic[['评论内容']].applymap(lambda x:
                    [i for i in jieba.lcut(x) if i not in stopword])
# 合并排除无效评论后的景区名称、评论日期、评论内容
scenic_c = pd.concat([scenic[['景区名称', '评论日期']], nr], axis=1)
def split_data(x, name, path):
    data = x[x.duplicated(name) == False][name]
    # 拆分
    for i in data:
        result = x[x[name] == i]
        result.to_excel(path + '\%s景区.xlsx' % i, index=False)
split_data(scenic_c, '景区名称', '../tmp/已拆分数据')
```

通过数据拆分，可生成"A01~A50景区.xlsx"文件。

6.2.2　景区印象分析

对景区的评论文本进行挖掘，计算各评论词的热度，即词所出现的次数，并进行可视化展示，进而更加直观地感受游客对各景区的印象。绘制景区印象词云图，如代码 6-6 所示。

代码 6-6　绘制景区印象词云图

```
import pandas as pd
from wordcloud import WordCloud
```

```python
import matplotlib.pyplot as plt
from tkinter import _flatten
import re

# 自定义绘制词云图函数
def draw_wordcloud(content, filename):
    # 词频统计
    num = pd.Series(_flatten(list(content))).value_counts()
    # 词云背景图片读取
    img = plt.imread('../data/aixin.jpg')
    # 设置词云参数
    wc = WordCloud(font_path='../data/simhei.ttf', mask=img,
                   scale=2, background_color='white')
    wc.fit_words(num)
    # 绘制词云图
    plt.imshow(wc)
    plt.axis('off')
    plt.savefig(filename, dpi=600)

scenics = []
content_regx = '\'([\u4e00-\u9fa5]*)\''
for i in range(1, 51):
    j = ('A0' if i < 10 else 'A') + str(i)
    data = pd.read_excel('../tmp/已拆分数据/{}景区.xlsx'.format(j))
    scenic = [re.findall(content_regx, j) for j in data['评论内容']]
    scenics.append(scenic)
    draw_wordcloud(scenics[i-1], '../tmp/词云图/{}.png'.format(j))
```

由于景区的数量较多，所以这里仅展示 A01、A02、A03、A04 景区的词云图，如图 6-2 所示。

图 6-2　A01、A02、A03、A04 景区的词云图

6.2.3　景区特色分析

评分相近的景区很难仅根据评分进行取舍，但由现实可知，如果景区具有十分独特的旅游特色，那么可能会更加吸引游客，且往往会在评论文本中表现出来。如果某个词在大量的评论文本中频繁出现，那么很有可能就是景区的特色。

为此，将特色分析看作大量文本的特征聚类问题，通过挖掘、统计、分类文本中出现频率较高的词,进而人工判别和挖掘旅游特色。下面将使用 K-means 算法对评论文本进行特征聚类,分析聚类关键词,根据各景区的有效评论,综合分析与挖掘各景区的特色,从而吸引游客,提升景区的竞争优势。景区特色分析的流程图如图 6-3 所示。

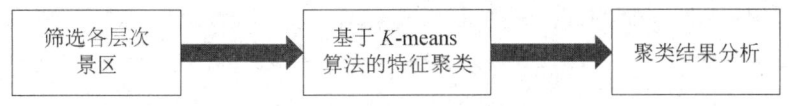

图 6-3　景区特色分析的流程图

1. 筛选各层次景区

首先,对"景区评分.xlsx"文件中所有景区的评分进行自定义排序,排序条件的重要性依次是总得分、服务得分、位置得分、设施得分、卫生得分、性价比得分。

其次,按照等距法将景区分为高、中、低 3 个层次,并通过人工筛选,在高、中、低 3 个层次中,各随机筛选出 3 个景区(本案例仅以 9 个景区为例进行特征聚类分析),如代码 6-7 所示。

代码 6-7　景区筛选

```
import pandas as pd
scenic = pd.read_excel('../data/景区评分.xlsx')
# 排序顺序
sort_by = ['总得分', '服务得分', '位置得分', '设施得分', '卫生得分', '性价比得分']
# 得分排序
scenic_sort = scenic.sort_values(by=sort_by, ascending=False)
s_high = scenic_sort['景区名称'][0:17]
s_middle = scenic_sort['景区名称'][17:34]
s_low = scenic_sort['景区名称'][34:]
```

运行代码 6-7,通过人工筛选,选出 3 个层次各 3 个景区的编号,如表 6-3 所示。

表 6-3　景区的筛选结果

景区	编号
高层次	A39、A23、A06
中层次	A12、A34、A01
低层次	A42、A04、A27

2. 基于 K-means 算法的特征聚类

下面将采用 K-means 算法挖掘各个景区的特色,对特征进行聚类。

使用 K-means 算法对文本预处理后的景区进行聚类。首先，需要创建、训练 K-means 模型；其次，通过轮廓系数法进行 K 值的选取，将 K 值的尝试范围定为 3～10，通过调用 metrics 模块中的 silhouette_score()函数计算轮廓系数，寻找最优 K 值，这里需要注意的是，在进行聚类时是从 3 类开始的，而返回的 K 值索引是从 0 开始的，因此索引加上 3 才能得到真实的 K 值；最后，使用 K-means 算法提取特征词，即进行特征聚类。各景区特征聚类如代码 6-8 所示。

代码 6-8　各景区特征聚类

```python
import os
import pandas as pd
from sklearn.feature_extraction.text import TfidfVectorizer
import matplotlib.pyplot as plt
from sklearn.cluster import KMeans
import sklearn
import re

# 计算 TF-IDF 值
def transform(dataset):
    # 文本向量化
    vectorizer = TfidfVectorizer(max_df=0.5, min_df=2, use_idf=True)
    X = vectorizer.fit_transform(dataset)
    # 返回向量化后的数据矩阵和向量化实例
    return X, vectorizer

# 训练 K-means 模型
def train(X, vectorizer, true_k, showLable=False, choice_k=False):
    # 实例化 K-means 模型
    km = KMeans(n_clusters=true_k, init='k-means++', max_iter=300,
            n_init=1,verbose=False, random_state=250)
    km.fit(X)
    # 是否输出聚类主题
    if showLable:
        # 获取每个聚类中心的特征词排序
        order_centroids = km.cluster_centers_.argsort()[:, ::-1]
        terms = vectorizer.get_feature_names()  # 获取特征词列表
        for i in range(true_k):  # 遍历每个聚类中心
            print("主题 %d:" % (i+1), end='')
            # 输出每个聚类中心的前 10 个特征词
            for ind in order_centroids[i, :10]:
                print(' %s' % terms[ind], end='')
            print()     # 是否返回 K-means 模型
    if choice_k==True:
        return km

# 指定聚类的数量（K 值）——使用轮廓系数法
```

```python
def k_determin(dataset, showS=False):
    # 向量化后的数据矩阵和向量化实例
    X, vectorizer = transform(dataset)
    S=[]
    # K值在3~10
    for i in range(3, 10):
        # 训练K-means模型并返回
        km=train(X, vectorizer, true_k=i, choice_k=True)
        # 返回聚类标签
        labels = km.labels_
        # 调用metrics模块中的silhouette_score()函数,计算轮廓系数
        S.append(sklearn.metrics.silhouette_score(X, labels, metric='euclidean'))
    # 按轮廓系数寻找最优K值
    max_k = S.index(max(S))
    print('最优K值', max_k + 3)
    # 使用最优K值进行聚类
    train(X, vectorizer, true_k=max_k + 3, showLable=True)

    if showS:  # 显示轮廓系数
        # 中文和符号的正常显示
        plt.rcParams['font.sans-serif'] = ['Microsoft YaHei']
        plt.rcParams['axes.unicode_minus'] = False
        # 设置绘图风格
        plt.style.use('ggplot')
        # 绘制K值与轮廓系数的关系
        plt.plot(range(3,10), S, 'b*-')
        plt.xlabel('K值')
        plt.ylabel('轮廓系数')
        # 显示图形
        plt.show()

# 加载预处理后文件中的数据
def loadDataSet(fileName, fileType='float'):
    dataMat = []    # 初始化数据列表
    fr = open(fileName,encoding='utf-8')    # 打开文件
    # 逐行读取
    for line in fr.readlines():
        if fileType == 'str':
            # 以制表符拆分字符串
            curLine = line.strip().split('\t')
        else:
            # 以制表符拆分字符串并转换为浮点数
            curLine = map(float, line.strip().split('\t'))
        if curLine != ['']:
            dataMat.append(curLine)    # 添加到数据列表
    return dataMat
```

```python
# 把预处理后文件中的评论内容提取出来，并写入新文件
def fileCut(file_name,writeFile):
    view = pd.read_excel(file_name)  # 读取 Excel 文件
    frW = open(writeFile, 'w', encoding='utf-8')  # 打开写入文件
    for i in range(len(view)):  # 遍历数据行
        content_regx = '\'([\u4e00-\u9fa5]*)\''  # 定义正则表达式匹配中文
        a = re.findall(content_regx, view['评论内容'][i])  # 使用正则表达式提取评论内容
        for j in a:  # 遍历匹配到的评论内容
            frW.write(j)  # 写入评论内容
            frW.write('\t')  # 写入制表符
        frW.write('\n')  # 写入换行符
    frW.close()

def k_means(data_dir, save_dir, spot_name):
    # 确定 K 值
    for i in range(len(spot_name)):
        file_name = spot_name[i] + '景区.xlsx'  # 构建景区文件名
        cutword_name = spot_name[i] + 'cutword.txt'  # 构建分词文件名
        print('------------------------------------------')
        print(spot_name[i] + ' 聚类结果')
        # 文件路径拼接
        data_file_path = os.path.join(data_dir, file_name)  # 拼接数据文件路径
        cut_word_path = os.path.join(save_dir, cutword_name)  # 拼接分词文件路径
        # 分词与去停用词，先确认是否已经存在分词文件，没有则进行分词
        if not os.path.exists(cut_word_path):
            fileCut(data_file_path, cut_word_path)  # 如果分词文件不存在，则执行分词操作
        # 加载分词后的数据
        dataset = loadDataSet(cut_word_path, fileType='str')
        # 数据类型转换
        for j in range(len(dataset)):
            dataset[j] = str(dataset[j])  # 将数据集中的每个元素转换为字符串类型
        # 确定 K 值
        k_determin(dataset)

if __name__ == '__main__':
    data_dir = '../tmp/已拆分数据'  # 预处理后数据的存储位置
    save_dir = '../tmp/已拆分评论内容'  # 拆分评论内容后数据的存储位置

    # 在高、中、低层次中选择的景区
    spot_name = ['A39', 'A23', 'A06', 'A12', 'A34', 'A01', 'A41', 'A04', 'A27']

    # 使用 K-means 模型进行聚类
    k_means(data_dir, save_dir, spot_name)
```

运行代码 6-8，景区的最优 K 值计算结果如表 6-4 所示，需要注意的是，每次运行程序

后的聚类结果都有可能发生变化。

表6-4　景区的最优 *K* 值计算结果

景区编号	*K* 值	景区编号	*K* 值
A39	7	A01	9
A23	9	A41	9
A06	9	A04	9
A12	9	A27	7
A34	5		

3. 聚类结果分析

针对9个景区进行的特征聚类，由于其聚类结果内容篇幅较大，所以此处仅展示综合评价为高、中、低3个层次中各一个景区的分析结果。其中，景区选择A23（高层次）、A34（中层次）和A04（低层次），如表6-5~表6-7所示。

表6-5　A23景区的特征聚类结果

主题1	岭南 一去 建筑 古典 江南 很大 名园 公园 私家 园内
主题2	苏州园林 老人 很漂亮 游玩 小孩 环境优美 景点 味道 绿树成荫 值得一看
主题3	拍照 好去处 景色 私家园林 好找 花园 景致 取景 亏了 秀丽
主题4	景色 门票 景点 票价 小贵 漂亮 建筑 小时 没什么 不值
主题5	取票 便宜 很大 园区 一去 环境 下次 舒服 风景如画 售票处
主题6	感觉 园子 好玩 挺大 景色 很漂亮 下次 天气 喜欢 不值
主题7	风景 清净 好玩 喜欢 小贵 舒服 很美 园内 宜人 取票
主题8	古色古香 景色 令人 短信 私家园林 小桥流水 散步 环境 好去处 荷花
主题9	环境 优雅 门票 一去 好玩 景色 空气 家人 便宜 清净

根据聚类结果，提取特征词中体现特色的词，如"苏州园林""古色古香""舒服""清净"等，同时对比原评论进行分析，得到A23景区的特色与亮点是古典园林、占地较大、风景优美，值得一去。

表6-6　A34景区的特征聚类结果

主题1	开心 孩子 小孩 东西 门票 取票 玩得 刺激 身份证 感觉
主题2	挺好玩 还好 台风 下雨 算高 价钱 恐龙 海螺 门票 平时
主题3	好玩 喜欢 刺激 下次 便宜 环境 干净 孩子 恐龙危机 景色
主题4	小朋友 不用 玩玩 非常适合 排队 大人 大熊 光头 挺好玩 还行
主题5	游乐 晚上 景色 开心 东西 刺激 玩得 夜场 偏少 工作人员

根据聚类结果，提取特征词中体现特色的词，如"孩子""大人""刺激""门票""便宜"

等，同时对比原评论进行分析，得到 A34 景区的特色与亮点是亲子游戏乐园、项目刺激、大人和小孩均适合，但人较多，影响游玩体验。

表 6-7　A04 景区的特征聚类结果

主题 1	刺激 过山车 挺好玩 取票 下次 便宜 好多 夜场 喜欢 人太多
主题 2	身份证 入园 取票 不用 买票 就行了 好玩 排队 订票 入场
主题 3	感觉 好玩 刺激 总体 排队 东西 真的 喜欢 挺好玩 人太多
主题 4	排队 人太多 小时 不用 过山车 太久 好玩 刺激 节假日 好久
主题 5	还好 排队 人太多 晚上 没开 愉快 好多 装扮 雄鹰 好玩
主题 6	晚上 好玩 白天 刺激 没什么 开放 万圣节 排队 游乐 好多
主题 7	开心 玩得 好玩 孩子 刺激 下次 小孩 取票 女朋友 过山车
主题 8	万圣节 鬼屋 气氛 吓人 人太多 恐怖 好玩 排队 氛围 工作人员
主题 9	好玩 刺激 下次 景色 过山车 水上 乐园 还会 很美 人太多

根据聚类结果，提取特征词中体现特色的词，如"取票""人太多""排队""万圣节"等，同时对比原评论进行分析，得到 A04 景区的特色与亮点是可以凭身份证直接入园、项目好玩、整体项目以夜场为主，总体不错，但节假日人多，需要排队。

6.2.4　提升景区美誉度的建议

美誉度可以代表一个景区受游客欢迎的程度。根据景区特色分析结果，可为旅游企业提供提升景区美誉度的建议，其建议内容如下。

（1）旅游企业可以挖掘地域特色，将现代元素与传统元素相结合，打造独一无二的品牌效应。例如，A23 景区利用自身的文化资源，以建筑风格独特、文化底蕴深厚作为品牌效应，赢得了游客的好评。

（2）完善和丰富景区基础设施，提升游客的体验感，提高景区的服务质量，从而提高游客满意度。现代化、科技化、自动化的游乐设施可以让游客体验到自然的美丽、科技的神奇；完善的卫生设备、饮食支持可以让游客在旅游的过程中享受到和谐、亲切的氛围，从而吸引更多的游客。例如，A04 景区为了方便游客，可以凭身份证直接取票入园，以夜场为主的特色项目好玩刺激，能够吸引游客。

（3）打造亲子出游服务套餐，让游客不仅能独自出游、组团出游，还能家庭出游、亲子出游。例如，A34 景区适合家庭出游、亲子出游，使得景区的综合评价较好。

（4）加强对门票价格的管理，对景区内收费进行科学管理，同时相关部门也要落实所有旅游收费的公开性，提升景区游玩的性价比。例如，A34 景区的门票价格相对便宜，性价比较高，性价比较高的景区往往备受游客青睐。

本章小结

本章的主要目的是分析与挖掘各景区的特色，从而为旅游企业提供提升景区美誉度的建议。对景区评论的文本进行预处理，去除垃圾和无效评论，确保分析结果的准确性。通过词云图展现游客对景区的印象，为景区特色分析提供直观依据。对景区特色进行科学分类，明确各景区的独特优势，并基于分析结果，为旅游企业提供具体可行的措施，助力提升景区美誉度。

课后习题

某图书馆近期进购了一批书籍，并将这些书籍的名称逐一记录在一个名为"books.txt"的文档中。图书馆希望更好地了解书籍的类别，以便进行有效的书籍管理和推荐，现在需要对这份包含书籍名称的数据集进行深入的聚类分析。通过聚类分析，图书馆希望能够根据书名中的关键词和短语，将书籍划分为不同的类别。

（1）读取 books.txt 文本数据，对数据进行去重并移除 BOM 字符。

（2）按照 4∶1 的比例数据集划分为训练集和测试集。

（3）通过自定义函数 seg_word() 对文本进行中文分词。

（4）调用 CountVectorizer() 函数将分词后的文本转换为词频矩阵。

（5）调用 TfidfTransformer() 函数计算 TF-IDF 值并将文本转换为数组。

（6）应用 K-means 算法训练模型，寻找最优 K 值。

（7）绘制 K 值与轮廓系数的关系图，以确定最优的 K 值，并输出聚类中心。

（8）保存最优模型。

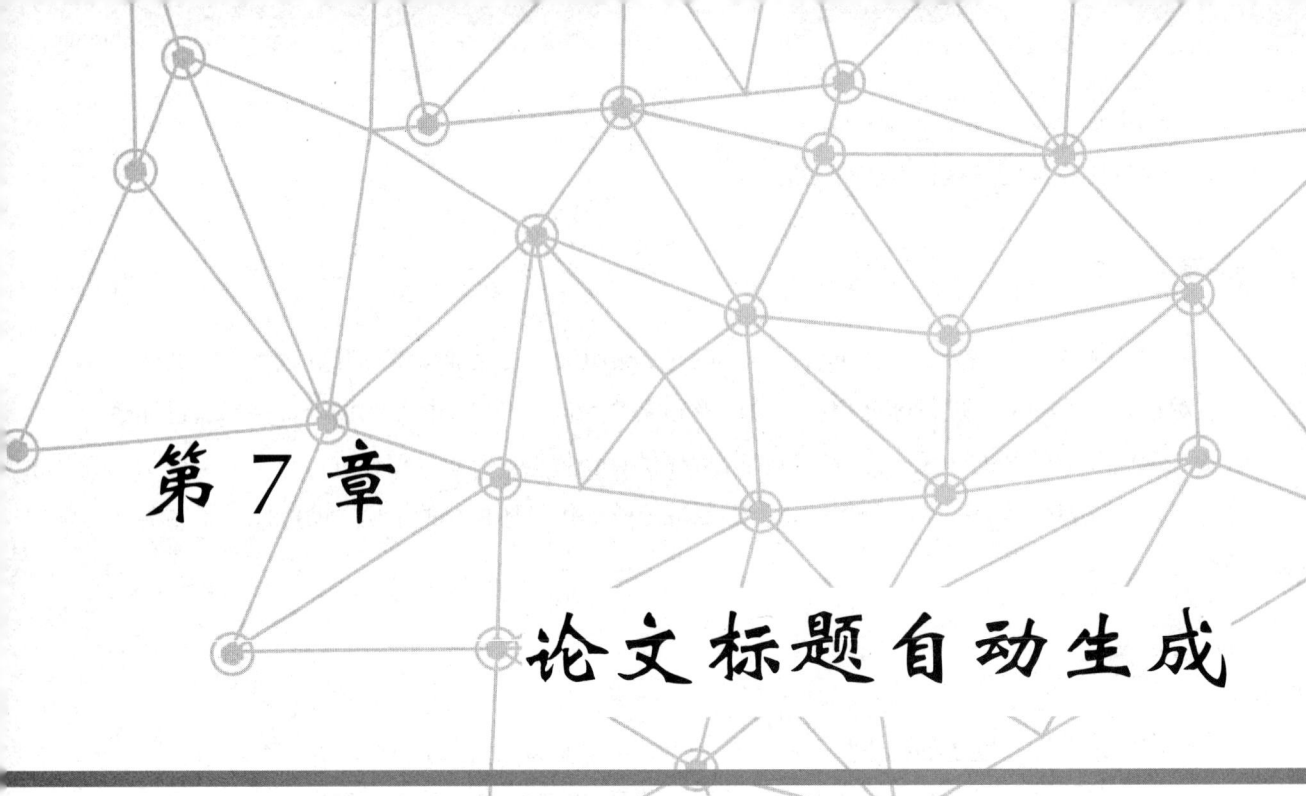

第 7 章

论文标题自动生成

常言道"好的标题是写出好论文的第一步",标题位于论文的首位,是组成论文的重要部分,常起到吸引读者阅读的重要作用。同时,在撰写论文时,作者常反复斟酌,以取得最能囊括论文之精华的标题。因此,论文标题生成的技术具有实际研究价值,若能根据论文摘要生成简明扼要的标题,将为作者完成论文撰写提供更多参考,以提高科研的效率,对协助科研人员迅速定位论文中有价值的信息具有重要意义。本章将使用学术论文数据,以 mT5 模型作为预训练模型,识别论文摘要文字内容,自动生成相匹配的论文标题。

学习目标

(1)了解论文标题自动生成的应用背景。
(2)掌握文本预处理方法。
(3)调用预训练的 mT5 模型进行论文标题自动生成任务,包括模型的加载、训练等操作。

7.1 业务背景与项目目标

如今,学术界对于自动化和智能化工具的需求不断旺盛,论文标题生成技术能够有效地提高学术研究工作的效率和质量,受到了广泛的关注和重视。

本案例旨在利用先进的自然语言处理技术,实现自动生成论文标题的功能。通过这样的方式,可以提高论文写作的效率。

7.1.1 业务背景

随着高新技术的发展,人工智能成为新时代脍炙人口的新名词,并逐渐融入人们生活的方方面面。人工智能为人们的各方面工作提供了许多便利,让人们的工作以更高效的方式完成,并能够大幅节约时间成本,提升时间利用效率。

文本生成是自然语言处理领域的一个重要研究方向,同时,撰写论文是学术研究中的重要任务。因此,若能够自动生成论文标题,不仅能够协助作者进行文献的加工处理,对于支撑科研人员快速定位有价值的信息、实现信息的高效获取等方面也具有重要意义。

随着深度学习和自然语言处理技术的迅猛发展,文本生成技术也取得了显著的进展。文本生成现阶段主要在新闻、AI 聊天以及生成创作等领域得到了广泛应用。目前,主流的文本生成模型主要包括基于循环神经网络、长短期记忆网络、变换器等架构的模型。其中,基于变换器架构的模型如 GPT(Generative Pre-trained Transformer)系列、T5(Text-To-Text Transfer Transformer)等在文本生成任务中取得了巨大成功。

论文标题自动生成的传统方法包括基于统计的方法和基于规则的方法,基于统计的方法通常利用词频统计、语言模型等技术将文本中最具代表性的词作为标题;基于规则的方法则根据文本的结构、语法等规则生成标题。然而,这些方法往往对文本的复杂语义和语境的理解能力有限,生成的标题质量难以保证。

近年来,随着深度学习技术的发展,基于深度学习的论文标题自动生成技术逐渐成为主流。其中,基于循环神经网络、长短期记忆网络、变换器等架构的深度学习模型取得了显著成果。这些模型能够更好地理解文本的语义和语境,生成更加准确、流畅的标题。

随着模型的发展,论文标题自动生成任务可以通过直接调用或微调预训练模型实现,常用的预训练模型包括 BERT(Bidirectional Encoder Representations from Transformers)、GPT、T5 等。通过在大规模文本数据上进行预训练,这些模型能够学习到丰富的语言表示,从而在生成标题时具有更好的效果。

7.1.2 数据说明

本案例数据集选用了中文科学文献数据集 CSL 中计算机领域的期刊论文，CSL 数据集获取自国家科技资源共享服务工程技术研究中心。本案例使用的 CSL 子数据集总共包含 3500 个样本，每个样本包括了论文的标题和摘要，主要的数据字段如表 7-1 所示。

表 7-1　主要的数据字段

字段名	说明	示例
Title	标题内容	无线网络系统建模综述
Content	论文摘要内容	建模是研究无线网络系统的一种重要手段，是仿真实验的基础核心，涉及系统各方面统计特征的模型描述、参数估计、建模算法的优化和各类模型组织等问题……

7.1.3 分析目标

本案例的主要目标是自动生成合适且高度概括论文内容的标题，以提供给论文作者更多便利。为了实现论文标题的自动生成，主要需要满足以下任务需求。

（1）模型能有效识别与理解摘要的文本内容。

（2）模型能通过训练生成符合论文内容的简明扼要的标题。

由需求分析可知，需要选择的预训练模型是文本生成模型，结构形同 Seq2Seq 模型，将长度可变的文本作为输入，通过模型输出规定长度范围内的文本。

论文标题自动生成的总体流程如图 7-1 所示，主要步骤如下。

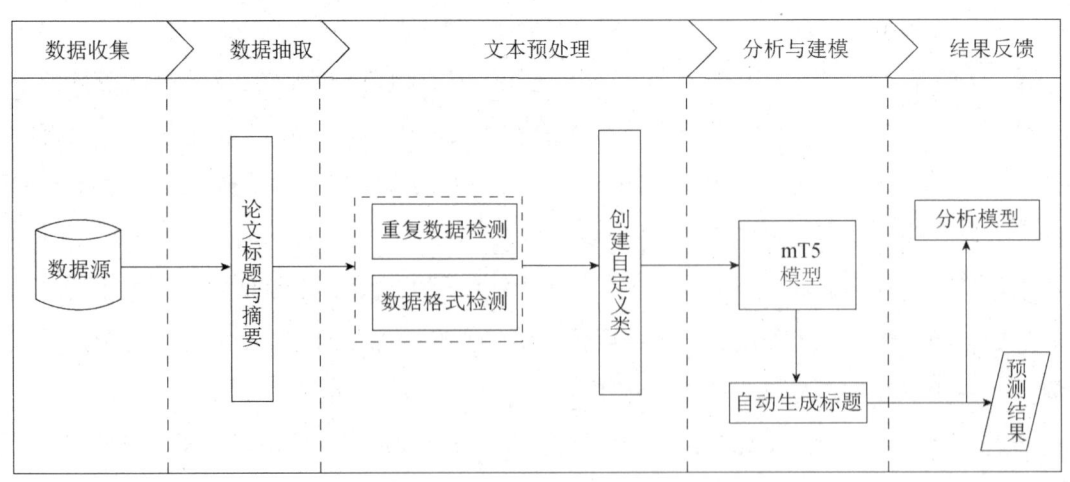

图 7-1　论文标题自动生成的总体流程

（1）数据收集：通过学术网站获得计算机领域的多篇论文。

（2）数据抽取：抽取论文的标题与摘要内容。

（3）文本预处理：包括数据检测和创建自定义类，数据检测包括重复数据检测和数据格式检测；创建自定义类主要进行文本向量化，方便模型读取。

（4）分析与建模：分析目标并选定预训练模型为 mT5 模型，开始训练。

（5）结果反馈：利用测试集生成结果并分析模型的性能。

7.2 分析方法与流程

本节将进行文本预处理，去除无效数据，然后调用预训练的 mT5 模型实现论文标题自动生成，最后分析模型的性能。

7.2.1 文本预处理

在模型训练开始之前，进行文本预处理是至关重要的步骤。数据的质量和准确性直接影响了最终生成标题的效果和质量。文本预处理部分主要包括删除重复数据和格式异常的数据，并通过创建自定义类，实现包含标题和摘要的 JSON 格式文本数据的加载及转换。

1. 数据检测

数据检测包括检测数据中的重复数据和格式异常的数据，其中，格式异常是指数据缺少标题或摘要。去除重复数据与检测格式异常的数据，如代码 7-1 所示。

代码 7-1　去除重复数据与检测格式异常的数据

```python
import pandas as pd
import json
from sklearn.feature_extraction.text import CountVectorizer

# 进行数据清洗
# 读入数据
df = pd.read_json('../data/csl_data.json')

# 处理重复数据
data = pd.DataFrame(df)
print(df.duplicated(data))
data2=df.drop_duplicates(inplace = True)   # 去除重复数据
print(df.duplicated(data2))

# 检测格式异常
```

```python
def check_data_integrity(data):
    for idx, entry in enumerate(data):
        if "title" not in entry or "content" not in entry:
            print(f"第 {idx + 1} 条数据缺少标题或摘要属性: {entry}")
            return False
    return True

# 读取 JSON 格式的文本数据
with open("../data/csl_data.json", "r", encoding="utf-8") as file:
    data = json.load(file)

# 检查数据的完整性
if check_data_integrity(data):
# 若没有异常则执行此行
    print("数据完整, 没有异常。")
else:
# 若存在异常则执行此行
    print("数据存在异常。")
```

代码 7-1 的运行结果如下，其中编号后的标识为"True"表示该行数据是重复数据，为"False"表示该行数据不是重复数据。

```
Length: 3500, dtype: bool
0       False
1       False
2       False
3       False
4       False
       ...
3495    False
3496    False
3497    False
3498    False
3499    False
Length: 3498, dtype: bool
数据完整, 没有异常。
```

由结果可以看出，去除重复数据后剩余的数据数为 3498，共去除了两条重复的数据，并且不存在格式异常的数据。

2. 创建自定义类

通过创建自定义类 CustomDataset，加载包含标题和摘要的 JSON 文件，并将其转换为模型训练所需的输入和标签，以便于后续通过 PyTorch 的 DataLoader 进行批处理和训练，主要包括以下 4 个步骤，具体实现如代码 7-2 所示。

（1）使用 Python 的 JSON 库读取包含标题和摘要的 JSON 文件，将其加载到内存中。

（2）使用分词器对标题和摘要文本进行编码，并进行必要的填充和截断，以确保它们具有相同的长度。

（3）将编码后的摘要文本作为模型的输入，将编码后的标题文本作为模型的标签，以便模型学习从摘要生成标题的映射关系。

（4）返回一个字典，包含模型训练所需的输入和标签信息，包括摘要的编码输入标识符、注意力掩码和标题的编码标签。

代码 7-2　创建自定义类

```python
import torch
import json
from torch.utils.data import Dataset, DataLoader
from transformers import AutoTokenizer, AutoModelForSeq2SeqLM, AdamW

# 自定义数据集类，用于加载包含标题和摘要的 JSON 文件，并将其转换为模型训练所需的输入和标签
class CustomDataset(Dataset):
    def __init__(self, json_file, tokenizer, max_source_length, max_target_length):
        # json_file: JSON 文件路径
        # tokenizer: 用于文本标记化的分词器
        # max_source_length: 输入文本的最大长度
        # max_target_length: 目标文本（标签）的最大长度

        # 数据列表，用于存储从 JSON 文件中读取的标题和摘要对
        self.data = []
        # 保存分词器实例
        self.tokenizer = tokenizer
        # 保存输入文本的最大长度
        self.max_source_length = max_source_length
        # 保存目标文本的最大长度
        self.max_target_length = max_target_length

        # 打开并读取 JSON 文件
        with open(json_file, 'r', encoding="utf-8") as f:
            json_data = json.load(f)
            # 遍历 JSON 文件中的每个数据项，将标题和摘要保存到 self.data 列表中
            for item in json_data:
                self.data.append((item['content'], item['title']))

    def __len__(self):
        # 返回数据集的大小，即 self.data 中内容的数量
        return len(self.data)

    def __getitem__(self, idx):
        # 根据给定的索引 idx 获取数据集中的一项
        # idx: 数据集中的索引
        # 从 self.data 中获取对应的摘要和标题
        source, target = self.data[idx]
```

```python
    # 构建输入文本,加上指令提示,如 "summarize: <内容>"
    input_text = f"summarize: {source}"
    # 构建目标文本,即标题
    target_text = target
    # 使用分词器对输入文本进行标记化,并将其转换为模型输入所需的张量
    # max_length 参数控制标记化后输入文本的最大长度,padding 参数决定如何填充文本使其达到固定长度,truncation 用于截断超长的文本
    input_tokenized = self.tokenizer(input_text, max_length=self.max_source_length,
                                      padding="max_length",
                                      truncation=True, return_tensors="pt")
    # 对目标文本进行标记化
    target_tokenized = self.tokenizer(target_text, max_length=self.max_target_length,
                                       padding="max_length",
                                       truncation=True, return_tensors="pt")
    # 返回一个字典
    return {
        'input_ids': input_tokenized.input_ids.flatten(),           # 输入文本的 token ID 张量,即摘要的编码输入标识符
        'attention_mask': input_tokenized.attention_mask.flatten(), # 注意力掩码
        'labels': target_tokenized.input_ids.flatten(),              # 目标文本的 token ID 张量,即标题的编码标签
    }
```

7.2.2 训练模型

深度学习框架是实现人工智能模型的关键工具之一,它提供了一种灵活、高效的方式来构建、训练和部署各种类型的深度学习模型。

1. 深度学习框架与模型

随着深度学习技术的不断发展和普及,越来越多的深度学习框架被开发出来,为科研人员和工程师提供了丰富的选择。下面主要介绍 PyTorch、T5 模型与 mT5 模型。

1)PyTorch

PyTorch 是一个开源的深度学习框架,由 Facebook 的人工智能研究团队开发和维护。PyTorch 基于 Torch 库,主要应用于人工智能领域,如计算机视觉和自然语言处理。

PyTorch 的主要优势体现在以下 4 个方面。

(1)动态计算图。PyTorch 使用动态计算图机制,与 TensorFlow 的静态计算图相比,更加直观和灵活。这意味着用户可以在运行时动态地构建、修改和调试计算图,使代码的编写和调试更加高效。

（2）易于学习和使用。PyTorch 的 API 设计简洁清晰，与 Python 语言天然集成，使用户可以更加自然地表达自己的想法。同时，PyTorch 提供了丰富的文档和教程，为用户提供了良好的学习和使用体验。

（3）支持动态计算。PyTorch 允许用户在模型定义和训练过程中使用 Python 的所有特性，如循环、条件语句等，使模型的定义和训练过程更加灵活和自然。

（4）兼容性和扩展性。PyTorch 兼容 Python 的科学计算库，如 NumPy、SciPy 等，可以方便地与其他库进行集成。同时，PyTorch 也支持自定义扩展，用户可以根据自己的需求进行灵活定制。

2）T5 模型

T5 模型是一种通用的文本生成模型，由 Google Brain 团队提出。其核心思想是将各种文本任务统一为"文本到文本"的形式。T5 模型可以实现多种自然语言处理任务，主要包括以下 4 个功能。

（1）多语言翻译。例如，翻译"月光"为法语"Clair De Lune"。

（2）文本情感分析。例如，将"这个电影不好看"判断为"负面评论"。

（3）文本相似度比较。例如，对比句子 1"犀牛在草坪吃草"和句子 2"犀牛正在田野里吃草"的相似度，输出相似度为"3.8"。

（4）提取摘要。例如，由"今日有谣言指出勿洛一带暴发贝类中毒事件，卫生部…"生成摘要"新加坡卫生部和食品局澄清：勿洛贝类中毒谣言不实"。

T5 模型采用了 Transformer 架构中的 Encoder（编码器）- Decoder（解码器）架构，如图 7-2 所示，T5 模型中包括 12 层编码器和解码器。编码器接受一个长度可变的序列作为输入，并将其转换为具有固定形状的编码状态，解码器则根据它将固定形状的编码状态映射到长度可变的序列。这种统一的架构使得 T5 模型能够适应各种不同的任务，无须进行大规模的架构调整。

图 7-2　编码器-解码器架构

在预训练阶段，T5 模型接受文本对作为输入，并尝试预测输出文本。为了提高泛化能力，T5 模型采用了损坏输入（corrupt）技术。T5 模型可采用的损坏策略包括以下 3 种。

（1）掩码法（Mass-style）。这种策略是在 BERT 模型的基础上进行的改良，省去了 BERT 模型中随机替换单词的步骤，只需预测被遮蔽的词或词组，然后训练模型以重建原始的未损坏文本。

（2）小段替换法（Replace Corrupted Spans）。这种策略是在掩码法的基础上进行的改良，可以认为它将掩码法中相邻的[Mask]都合成了一个特殊符，每一小段替换一个特殊符，以提高计算效率。通过 T5 模型来预测[Mask]位置上的词或词组。

（3）文本删除法（Drop Corrupted Tokens）。这种策略简单地随机删除输入文本中的一些词或词组，然后要求模型预测删除部分的词或词组。

这 3 种损坏策略均是基于 BERT 模型的损坏策略，BERT 模型采用的策略是随机遮蔽输入文本中的某些词或词组，同时个别词或词组将被直接随机替换成其他词，如图 7-3 中的 BERT 模型，[Mask1]与[Mask2]为随机遮蔽的词或词组，"首都"则被随机替换成了"苹果"，模型需要在生成阶段尝试填充被遮蔽和被替换的词或词组，最终生成完整的文本。

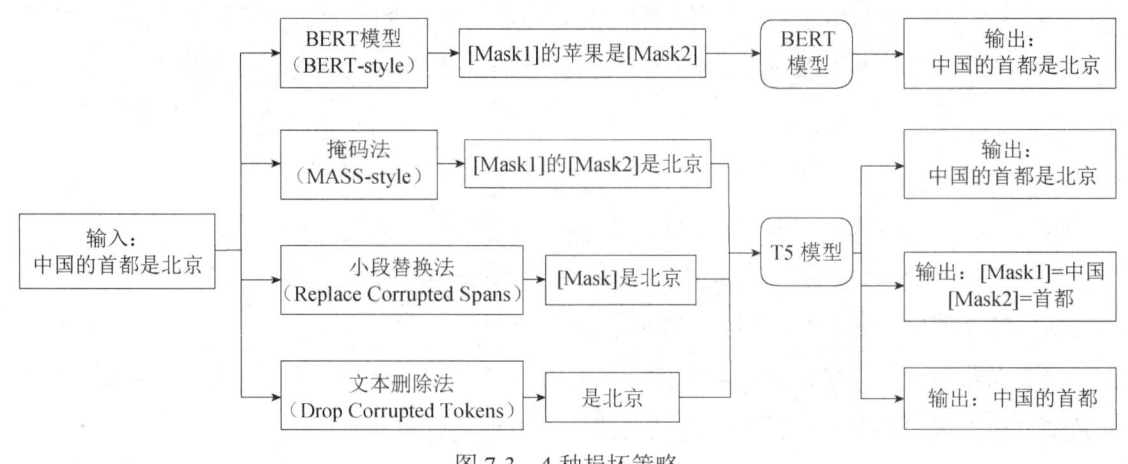

图 7-3　4 种损坏策略

在科林·拉菲尔（Colin Raffel）、诺姆·沙兹尔（Noam Shazeer）、亚当·罗伯茨（Adam Roberts）的论文《探索使用统一文本到文本 Transformer 的迁移学习极限》中，测试了分别采用这 4 种损坏策略的实验结果，如图 7-4 所示。在不同的训练任务下，以原始 BERT 模型的损坏策略作为参照，可以发现 3 种改良后的损坏策略与原本的性能较为相似。值得注意的是，小段替换法在训练 SGLUE 数据集时的得分明显更高（71.36）。因此，T5 模型选择采用小段替代法。

Objective	GLUE	CNNDM	SQuAD	SGLUE	EnDe	EnFr	EnRo
BERT-style (Devlin et al., 2018)	82.96	19.17	**80.65**	69.85	26.78	**40.03**	27.41
MASS-style (Song et al., 2019)	82.32	19.16	80.10	69.28	26.79	39.89	27.55
★Replace Corrupted Spans	83.28	19.24	80.88	**71.36**	26.98	39.82	27.65
Drop Corrupted Tokens	**84.44**	**19.31**	80.52	68.67	**27.07**	39.76	**27.82**

图 7-4　4 种损坏策略的实验结果

图 7-4 中的 GLUE、CNNDM、SQuAD、SGLUE 等皆是常见的自然语言处理基准数据集，常用于评估和比较不同模型在各种自然语言处理任务上的性能。

3）mT5 模型

mT5 模型在 T5 模型的基础上进行了改进，使其能够处理多语言文本。mT5 模型通过共享相同的模型结构和参数来处理不同语言的文本输入，从而实现多语言文本生成。mT5 模型在预训练阶段使用了多语言文本数据，从而使模型能够学习到不同语言之间的共享表示，提高了模型在多语言任务上的性能表现。

如图 7-5 所示，从薛琳婷（Linting Xue）、诺亚·康斯坦斯（Noah Constant）、亚当·罗伯茨（Adam Roberts）的论文《mT5：一种大规模多语言预训练文本到文本 Transformer 模型》中可以看到，在跨语言的自然语言处理任务中，最大的模型 mT5-XXL 在所有问答（Question answering）任务上均取得超越其他模型的成绩。在文本匹配（Sentence pair）任务中，mT5-Large、mT5-XL 与 mT5-XLL 模型表现出的训练效果均比其他模型更好。故本案例选择使用 mT5 模型作为预训练模型。

Model	Sentence pair		Structured	Question answering		
	XNLI	PAWS-X	WikiAnn NER	XQuAD	MLQA	TyDiQA-GoldP
Metrics	Acc.	Acc.	F1	F1 / EM	F1 / EM	F1 / EM
Cross-lingual zero-shot transfer (models fine-tuned on English data only)						
mBERT	65.4	81.9	62.2	64.5 / 49.4	61.4 / 44.2	59.7 / 43.9
XLM	69.1	80.9	61.2	59.8 / 44.3	48.5 / 32.6	43.6 / 29.1
InfoXLM	81.4	-	-	- / -	73.6 / 55.2	- / -
X-STILTs	80.4	87.7	64.7	77.2 / 61.3	72.3 / 53.5	76.0 / 59.5
XLM-R	79.2	86.4	65.4	76.6 / 60.8	71.6 / 53.2	65.1 / 45.0
VECO	79.9	88.7	65.7	77.3 / 61.8	71.7 / 53.2	67.6 / 49.1
RemBERT	80.8	87.5	70.1	79.6 / 64.0	73.1 / 55.0	77.0 / 63.0
mT5-Small	67.5	82.4	50.5	58.1 / 42.5	54.6 / 37.1	35.2 / 23.2
mT5-Base	75.4	86.4	55.7	67.0 / 49.0	64.6 / 45.0	57.2 / 41.2
mT5-Large	81.1	88.9	58.5	77.8 / 61.5	71.2 / 51.7	69.9 / 52.2
mT5-XL	82.9	89.6	65.5	79.5 / 63.6	73.5 / 54.5	75.9 / 59.4
mT5-XXL	**85.0**	**90.0**	69.2	**82.5 / 66.8**	**76.0 / 57.4**	**80.8 / 65.9**
Translate-train (models fine-tuned on English data plus translations in all target languages)						
XLM-R	82.6	90.4	-	80.2 / 65.9	72.8 / 54.3	66.5 / 47.7
FILTER + Self-Teaching	83.9	91.4	-	82.4 / 68.0	76.2 / 57.7	68.3 / 50.9
VECO	83.0	91.1	-	79.9 / 66.3	73.1 / 54.9	75.0 / 58.9
mT5-Small	64.7	79.9	-	64.3 / 49.5	56.6 / 38.8	48.2 / 34.0
mT5-Base	75.9	89.3	-	75.3 / 59.7	67.6 / 48.5	64.0 / 47.7
mT5-Large	81.8	91.2	-	81.2 / 65.9	73.9 / 55.2	71.1 / 54.9
mT5-XL	84.8	91.0	-	82.7 / 68.1	75.1 / 56.6	79.9 / 65.3
mT5-XXL	**87.8**	**91.5**	-	**85.2 / 71.3**	**76.9 / 58.3**	**82.8 / 68.8**
In-language multitask (models fine-tuned on gold data in all target languages)						
mBERT	-	-	89.1	-	-	77.6 / 68.0
mT5-Small	-	-	83.4	-	-	73.0 / 62.0
mT5-Base	-	-	85.4	-	-	80.8 / 70.0
mT5-Large	-	-	88.4	-	-	85.5 / 75.3
mT5-XL	-	-	90.9	-	-	87.5 / 78.1
mT5-XXL	-	-	**91.2**	-	-	**88.5 / 79.1**

图 7-5　各模型在跨语言的自然语言处理任务中的训练效果比较

图 7-5 中表头的三栏代表不同自然语言处理任务的训练效果，分别是文本匹配（Sentence

pair）任务、结构化预测（Structured）任务和问答（Question answering）任务，其中，结构化预测任务使用的是抽取于维基百科用于命名实体识别的数据集，问答任务使用的是TyDiQA，TyDiQA是类型多样问答（TyDiWA）数据集的黄金通道版本，该数据集是判断信息查询问答任务完成情况的基准，衡量标准是F1值。

2. 加载与训练模型

基于Pytorch框架，调用mT5模型作为预训练模型进行训练，以实现论文标题自动生成，主要包括5个步骤，具体实现如代码7-3所示。

代码7-3　加载与训练模型

```python
# 加载模型和分词器
model_path = "../model/mT5_multilingual_XLSum"
tokenizer = AutoTokenizer.from_pretrained(model_path)
model = AutoModelForSeq2SeqLM.from_pretrained(model_path)

# 定义超参数和路径
json_file = '../data/csl_data.json'  # 定义JSON文件路径
batch_size = 4
max_source_length = 512
max_target_length = 64
num_epochs = 6
learning_rate = 1e-4
# 加载数据集
dataset = CustomDataset(json_file, tokenizer, max_source_length, max_target_length)
dataloader = DataLoader(dataset, batch_size=batch_size, shuffle=True)
# 定义优化器和损失函数
optimizer = AdamW(model.parameters(), lr=learning_rate)
criterion = torch.nn.CrossEntropyLoss()

# 训练模型
# 选择设备（GPU或CPU），如果GPU可用则使用GPU，否则使用CPU
device = torch.device("cuda" if torch.cuda.is_available() else "cpu")
# 将模型移动到选择的设备上
model.to(device)
# 将模型设置为训练模式
model.train()

# 开始训练循环，遍历每个epoch
for epoch in range(num_epochs):
    # 初始化每个epoch的总损失
    total_loss = 0
    # 遍历数据加载器中的每个批次
    for batch in dataloader:
        # 将批次中的输入张量（input_ids、attention_mask、labels）移动到选择的设备上
        input_ids = batch['input_ids'].to(device)
```

```
        attention_mask = batch['attention_mask'].to(device)
        labels = batch['labels'].to(device)
        # 在每个训练步骤开始前,将优化器的梯度清零
        optimizer.zero_grad()
        # 通过模型前向传播计算输出和损失
        outputs = model(input_ids=input_ids, attention_mask=attention_mask,
labels=labels)
        loss = outputs.loss
        # 将当前批次的损失累加到 total_loss 中
        total_loss += loss.item()
        # 反向传播计算梯度
        loss.backward()
        # 使用优化器更新模型参数
        optimizer.step()
    # 在每个 epoch 结束时输出平均损失
    print(f"Epoch {epoch + 1}/{num_epochs}, Loss: {total_loss / len(dataloader)}")
# 保存模型
model.save_pretrained("../tmp/mt5_model")
```

(1)加载预训练的 mT5 模型和对应的分词器。

(2)定义超参数,包含批处理大小、标题和摘要的最大长度、训练轮数和学习率。部分超参数的作用如表 7-2 所示。定义 JSON 文件路径。

表 7-2 部分超参数的作用

超参数	作用
批处理大小(batch_size)	定义每个训练步骤中使用的样本数量。较大的批处理大小通常可以加快训练速度,但可能会占用更多的内存
训练轮数(num_epoch)	定义模型进行训练的总轮数。训练轮数越多,模型就有更多机会学习数据中的模式和规律,但也可能导致过拟合
学习率(learning_rate)	控制模型在每次参数更新时的步长大小。较小的学习率可以使模型更加稳定,但可能需要更多的训练时间;而较大的学习率可以加速训练,但可能导致模型在局部最优解附近波动

(3)调用自定义数据集类 CustomDataset 加载数据集,并使用 PyTorch 的 DataLoader() 函数对数据进行批处理。

(4)定义优化器和损失函数,使用 AdamW 优化器和交叉熵损失函数。优化器和损失函数的作用如表 7-3 所示。

表 7-3 优化器和损失函数的作用

名词	作用
优化器	根据模型的参数和损失函数的梯度更新模型的参数,以最小化损失函数。AdamW 优化器是一种常用的优化器,对于大规模模型和稀疏梯度具有较好的适应性。其他常用的优化器如下: ①随机梯度下降(SGD):每次迭代都使用全部数据集来更新模型参数; ②RAdam:一种改进的 Adam 优化器,通过自适应地调整动量来提高性能

名词	作用
损失函数	衡量模型预测结果与真实标签之间的差异或误差,并且将这种差异转化为模型需要优化的目标。交叉熵损失函数通过最小化损失函数,模型可以更好地拟合训练数据,提高在测试集上的泛化能力,从而获得更准确的预测结果。其他可选择的损失函数如下: ①均方误差(MSE)损失函数:衡量预测值与真实值之间的平均平方误差; ②平均绝对误差(MAE)损失函数:衡量预测值与真实值之间的平均绝对误差

(5)将模型设置为训练模式,使用 for 循环嵌套来遍历执行每个 epoch 和每个批次。每次读取一个批次的数据后,使用模型进行前向传播,调用交叉熵损失函数计算输出与损失值,再根据损失值调用优化器进行优化。

运行代码 7-3,得到的结果为 6 轮训练中的损失值变化,具体如下。

```
Epoch 1/6, Loss: 0.4548666955828667
Epoch 2/6, Loss: 0.3456789896999087
Epoch 3/6, Loss: 0.2787419134463583
Epoch 4/6, Loss: 0.2248834027690547
Epoch 5/6, Loss: 0.18511019075981208
Epoch 6/6, Loss: 0.15220374924583094
```

7.2.3 结果与分析

展示模型在论文标题自动生成任务上的表现,并对生成结果进行深入分析,从而为模型的进一步改进提供参考。

1. 结果展示

基于两篇未在训练集中出现过的摘要,并使用预训练的 mT5 模型生成标题,如代码 7-4 所示。

代码 7-4 生成标题

```
# 示例:输入摘要,生成标题
print("Test1:")
summary = "提出了一种新的保细节的变形算法,可以使网格模型进行尽量刚性的变形,以减少变形中几何细节的扭曲。首先根据网格曲面局部细节的丰富程度,对原始网格进行聚类,生成其简化网格;然后对简化网格进行变形,根据其相邻面片变形的相似性,对简化网格作进一步的合并,生成新的变形结果,将该变形传递给原始网格作为初始变形结果。由于对属于同一个类的网格顶点进行相同的刚性变形,可在变形中较好地保持该区域的表面细节,但分属不同类的顶点之间会出现变形的不连续。为此,通过迭代优化一个二次能量函数,对每个网格顶点的变形进行调整来得到最终变形结果。实验结果显示,该算法简单高效,结果令人满意。"
predicted_title = generate_title(summary)
original_title="保细节的网格刚性变形算法"
print("Predicted Title:", predicted_title)
print("Original Title:", original_title)
```

```
print("\n")
print("Test2:")
summary2 = "评述量子计算的历史、研究现状以及进一步发展的方向。着重论述量子算法的机理，对
已知量子算法特征进行总结分析；归纳量子计算与经典智能计算的结合模式，比较其与传统智能计算的
异同。在总结量子计算存在问题的基础上，探讨了今后的研究方向。"
predicted_title2 = generate_title(summary2)
original_title2="量子计算进展与展望"
print("Predicted Title:", predicted_title2)
print("Original Title:", "量子计算进展与展望")
```

运行代码 7-4，得到的输出结果如下。

```
Test1:
Predicted Title：保细节的网格刚性变形算法
Original Title：保细节的网格刚性变形算法

Test2:
Predicted Title：量子计算现状与发展现状
Original Title：量子计算进展与展望
```

将生成的标题与论文的原始标题进行对比分析：Test1 所生成的标题与原始标题完全相同，生成标题的效果很好；Test2 生成的标题与原始标题有一些差异，但主题仍然保持一致，生成的标题是"量子计算现状与发展现状"，使用的词语略显冗余，但整体上仍然传达了相同的意思。

总体而言，模型生成的标题在保留主题信息的同时可能会出现一些细微的错误，但仍然可以提供一个较为合理的标题。

2. 模型分析与改进方向

在初步对模型生成的标题进行评估分析后，发现生成的标题效果较好，能够有效保留主题信息，并且与原始标题较为相近。深入分析训练过程中的损失值变化，如图 7-6 所示。在 6 次迭代中，损失值是逐渐下降的，最低损失值为 0.18 左右，由此可见，随着训练轮数的增加，准确率会逐渐提高，训练效果得以提高。

从本案例测试生成的两个标题可知，模型训练的效果仍然有提高空间，针对模型准确率的后续改进，可以考虑以下 5 个方向。

（1）增加数据集，扩大论文数据集类别，使数据不仅限于计算机领域的论文。

（2）进行更深入的文本预处理，辨别是否存在论文的标题与摘要不匹配的情况，以提高数据质量。

（3）调整模型的超参数，包括增加训练轮数，调整学习率。

（4）尝试不同的损失函数或者自定义损失函数（如随机梯度下降等），尝试更换优化器（如均方误差损失函数等）。

（5）更换其他生成文本的模型，如 PEGASUS、BART 模型作为预训练模型。

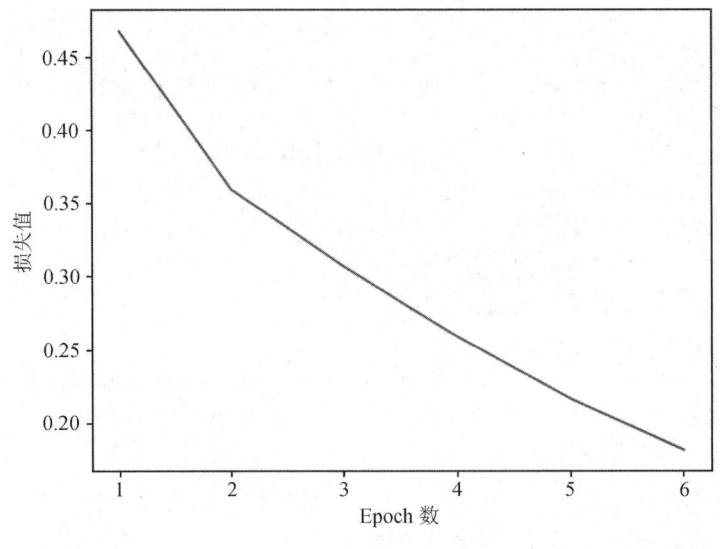

图 7-6　训练过程的损失值变化

本章小结

本章主要通过 mT5 模型实现论文标题的自动生成，重点介绍了文本预处理和 mT5 模型原理与特点，并通过 Pytorch 框架编写程序，实现训练模型的过程，分析其运行生成的结果，最后根据生成的标题和损失值变化对模型的训练效果进行评价，总结相关模型的优化方向。

课后习题

万方数据知识服务平台整合了数亿条全球优质知识资源，覆盖自然科学、工程技术、医药卫生、农业科学、哲学政法、社会科学、科教文艺等各个学科。利用该平台中的各类论文，可以进一步完善自动生成论文标题的模型，该平台的数据集涵盖多个领域的论文摘要与标题，总样本数量为 3590（wanfang_data.json 文件）。下面通过模型训练，完善标题生成的效果。具体操作步骤如下。

（1）利用 pandas 库对 JSON 文件进行数据清洗，去除无效数据。

（2）利用 Python 读取数据清洗后的数据集，分别识别两个属性（Title 和 Content）。

（3）对数据集进行预处理，使用分词器给标题和摘要文本编码。

（4）调用 Transformers 中的 mT5 模型，对处理后的数据集进行训练。

（5）查找新的数据（论文摘要和标题），测试模型生成效果。

（6）得出结果，评估模型生成效果。

第 8 章
基于 TipDM 大数据挖掘建模平台的游客景区印象分析

第 6 章介绍了游客景区印象分析,本章将介绍通过另一种工具——TipDM 大数据挖掘建模平台实现游客景区印象分析。相较于传统的 Python,TipDM 大数据挖掘建模平台具有流程化、去编程化等特点,满足不懂编程的用户使用数据分析技术的需求,通过学习使用 TipDM 大数据挖掘建模平台可以掌握多门简易技术。

学习目标

(1)了解 TipDM 大数据挖掘建模平台的相关概念和特点。
(2)熟悉使用 TipDM 大数据挖掘建模平台实现游客景区印象分析的总体流程。
(3)掌握使用 TipDM 大数据挖掘建模平台配置数据源的方法。
(4)掌握使用 TipDM 大数据挖掘建模平台进行记录去重、删除垃圾评论、删除无效评论、拆分各景区数据等操作。
(5)掌握使用 TipDM 大数据挖掘建模平台绘制词云图和进行特征聚类等操作。

8.1 TipDM大数据挖掘建模平台简介

TipDM大数据挖掘建模平台(以下简称"平台")是由广东泰迪智能科技股份有限公司自主研发,面向数据挖掘项目的工具。平台使用Java语言开发,采用B/S(Browser/Server,浏览器/服务器)结构,用户可通过浏览器进行访问,不需要下载客户端。平台具有支持多种语言、操作简单、用户无须具备编程基础等特点,以流程化的方式将输入/输出、数据探索、数据预处理、绘图、建模等环节进行连接,从而实现数据挖掘。TipDM大数据挖掘建模平台界面如图8-1所示。

图8-1 TipDM大数据挖掘建模平台界面

读者可通过访问平台查看具体的界面情况,操作方法如下。

(1)微信搜索公众号"泰迪学社"或"TipDataMining",关注公众号。

(2)关注公众号后,回复"建模平台",获取平台访问方式。

在介绍如何使用平台实现项目分析之前,需要引入平台的几个概念,其基本介绍如表8-1所示。

表8-1 平台的概念基本介绍

概念	基本介绍
组件	将建模过程中涉及的输入/输出、数据探索、数据预处理、绘图、建模等操作分别进行封装,封装好的模块称为组件。 组件分为系统组件和个人组件。 (1)系统组件可供所有用户使用; (2)个人组件由个人用户编辑,仅供个人用户使用

续表

概念	基本介绍
工程	为实现某一数据挖掘目标,将各组件通过流程化的方式进行连接,整个流程称为一个工程
参数	每个组件都有需要用户设置的内容,这部分内容称为参数
共享库	用户可以将配置好的工程、数据集,分别公开到模型库、数据集库中作为模板,分享给其他用户,其他用户可以使用共享库中的模板,创建一个无须配置组件便可运行的工程

平台主要有以下几个特点。

(1)平台组件基于 Python、R 和 Hadoop/Spark 分布式引擎,适用于数据分析。Python、R 和 Hadoop/Spark 是常见的用于数据分析的语言或工具,高度契合行业需求。

(2)用户可在没有 Python、R 或 Hadoop/Spark 编程基础的情况下,使用直观的拖曳式图形界面构建数据分析流程,无须编程。

(3)平台提供了公开可用的数据分析示例工程,实现一键创建,快速运行。支持数据挖掘流程中每个节点的结果在线预览。

(4)平台包含 Python、Spark 和 R 这 3 种工具的组件包,用户可以根据实际需求灵活选择不同的语言进行数据挖掘建模。

下面将对平台的"共享库""数据连接""数据集""我的工程""个人组件"5 个模块进行介绍。

8.1.1 共享库

登录平台后,用户即可看到"共享库"模块提供的示例工程(模板),如图 8-1 所示。

"共享库"模块主要用于标准数据挖掘建模工程的快速创建和展示。通过"共享库"模块,用户可以创建一个无须导入数据及配置参数就能够快速运行的工程。用户可以将自己创建的工程公开到"共享库"模块,作为模板,供其他用户一键创建。同时,每个模板的创建者都具有模板的所有权,能够对模板进行管理。

8.1.2 数据连接

"数据连接"模块支持从 Db2、SQL Server、MySQL、Oracle、PostgreSQL 等常用关系数据库中导入数据。导入数据时的"新建连接"对话框如图 8-2 所示。

图 8-2 "新建连接"对话框

8.1.3 数据集

"数据集"模块主要用于数据挖掘建模工程中数据的导入与管理,支持从本地导入任意类型的数据。导入数据时的"新增数据集"对话框如图 8-3 所示。

图 8-3 "新增数据集"对话框

8.1.4 我的工程

"我的工程"模块主要用于数据挖掘建模工程的创建与管理,工程示例流程如图 8-4 所示。通过单击"工程"栏下的 ⊕（"新建工程"）按钮，用户可以创建空白工程并通过"组件"栏下的组件进行工程配置，将输入/输出、数据探索、数据预处理、绘图、建模等环节通过流程化的方式进行连接，达到数据挖掘与分析的目的。对于完成度高的工程，可以将其公开到"共享库"模块中，作为模板让其他用户学习和借鉴。

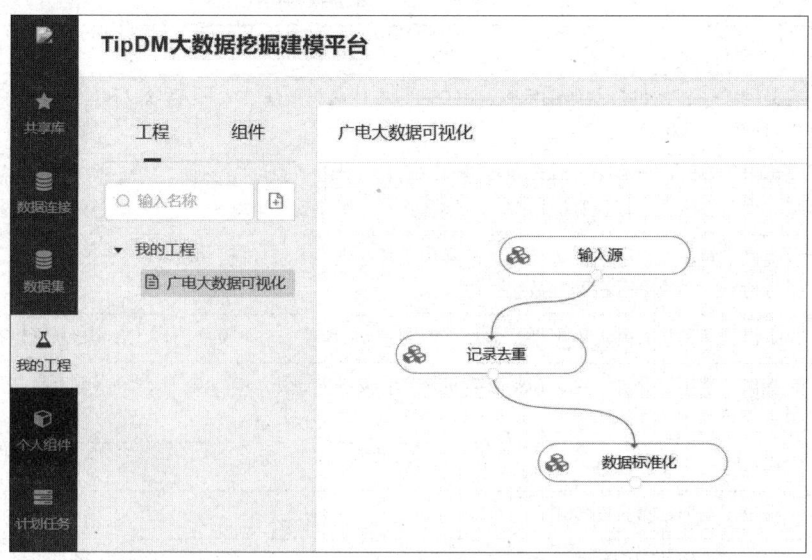

图 8-4　工程示例流程

在"组件"栏下，平台提供了输入/输出组件、Python 组件、R 语言组件、Spark 组件等系统组件，如图 8-5 所示，用户可直接使用。输入/输出组件包括输入源、输出源、输出到数据库等。下面将具体介绍 Python 组件、R 语言组件和 Spark 组件。

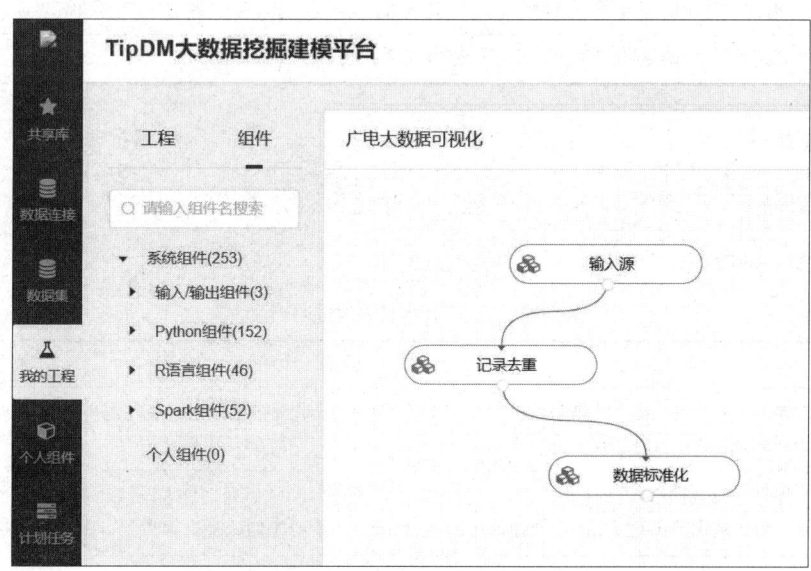

图 8-5　平台提供的系统组件

1. Python 组件

Python 组件包含 Python 脚本、预处理、统计分析、时间序列、分类、模型评估、模型预测、回归、聚类、关联规则、文本分析、深度学习和绘图，共 13 类，如表 8-2 所示。

表 8-2　Python 组件的类别介绍

类别	介绍
Python 脚本	提供了一个 Python 代码编辑框。用户可以在代码编辑框中粘贴已经编写好的程序代码并直接运行，无须额外配置组件
预处理	提供了对数据进行预处理的组件，包括数据标准化、缺失值处理、表堆叠、数据筛选、行列转置、修改列名、衍生变量、数据拆分、主键合并、新增序列、数据排序、记录去重和分组聚合等
统计分析	提供了对数据整体情况进行统计的常用组件，包括因子分析、全表统计、正态性检验、相关性分析、卡方检验、主成分分析和频数统计等
时间序列	提供了常用的时间序列组件，包括 ARCH、AR 模型、MA 模型、灰色预测、模型定阶和 ARIMA 等
分类	提供了常用的分类组件，包括朴素贝叶斯、支持向量机、CART 分类树、逻辑回归、神经网络和 K 最近邻等
模型评估	提供了用于模型评估的组件
模型预测	提供了用于模型预测的组件
回归	提供了常用的回归组件，包括 CART 回归树、线性回归、支持向量回归和 K 最近邻回归等
聚类	提供了常用的聚类组件，包括层次聚类、DBSCAN 密度聚类和 K-means 算法等
关联规则	提供了常用的关联规则组件，包括 Apriori 和 FP-Growth 等
文本分析	提供了对文本数据进行清洗、特征提取与分析的常用组件，包括情感分析、文本过滤、TF-IDF、Word2Vec 等
深度学习	提供了常用的深度学习组件，包括循环神经网络、implici ALS 和卷积神经网络
绘图	提供了常用的绘图组件，可用于绘制柱形图、折线图、散点图、饼图和词云图等

2. R 语言组件

R 语言组件包含 R 语言脚本、预处理、统计分析、分类、时间序列、聚类、回归和关联规则，共 8 类，如表 8-3 所示。

表 8-3　R 语言组件的类别介绍

类别	介绍
R 语言脚本	提供了一个 R 语言代码编辑框。用户可以在代码编辑框中粘贴已经编写好的代码并直接运行，无须额外配置组件
预处理	提供了对数据进行预处理的组件，包括缺失值处理、异常值处理、表连接、表合并、数据标准化、记录去重、数据离散化、排序、数据拆分、频数统计、新增序列、字符串拆分、字符串拼接、修改列名等
统计分析	提供了对数据整体情况进行统计的常用组件，包括卡方检验、因子分析、主成分分析、相关性分析、正态性检验和全表统计等

续表

类别	介绍
分类	提供了常用的分类组件,包括朴素贝叶斯、支持向量机、CART 分类树、逻辑回归、C4.5 分类树、神经网络、K 最近邻等
时间序列	提供了常用的时间序列组件,包括 ARIMA 和指数平滑等
聚类	提供了常用的聚类组件,包括 K-means 算法、DBSCAN 密度聚类和系统聚类等
回归	提供了常用的回归组件,包括 CART 回归树、C4.5 回归树、线性回归、岭回归和 K 最近邻回归等
关联规则	提供了常用的关联规则组件,包括 Apriori 等

3. Spark 组件

Spark 组件包含预处理、统计分析、分类、聚类、回归、降维、协同过滤和频繁模式挖掘,共 8 类,如表 8-4 所示。

表 8-4 Spark 组件的类别介绍

类别	介绍
预处理	提供了对数据进行预处理的组件,包括数据去重、数据过滤、数据映射、数据反映射、数据拆分、数据排序、缺失值处理、数据标准化、衍生变量、表连接、表堆叠和数据离散化等
统计分析	提供了对数据整体情况进行统计的常用组件,包括行列统计、全表统计、相关性分析和重复值及缺失值分析
分类	提供了常用的分类组件,包括逻辑回归、决策树、梯度提升树、朴素贝叶斯、随机森林、线性支持向量机和多层感知分类器等
聚类	提供了常用的聚类组件,包括 K-means 算法、二分 K 均值聚类和混合高斯聚类等
回归	提供了常用的回归组件,包括线性回归、广义线性回归、决策树回归、梯度提升树回归、随机森林回归和保序回归等
降维	提供了常用的数据降维组件,包括 PCA 降维等
协同过滤	提供了常用的智能推荐组件,包括 ALS 组件、ALS 推荐和 ALS 模型预测
频繁模式挖掘	提供了常用的频繁项集挖掘组件,包括 FP-Growth 等

8.1.5 个人组件

"个人组件"模块主要是为了满足用户的个性化需求。用户在使用过程中,可根据自己的需求定制组件,方便使用。目前支持通过 Python 和 R 语言进行个人组件的定制,如图 8-6 所示。

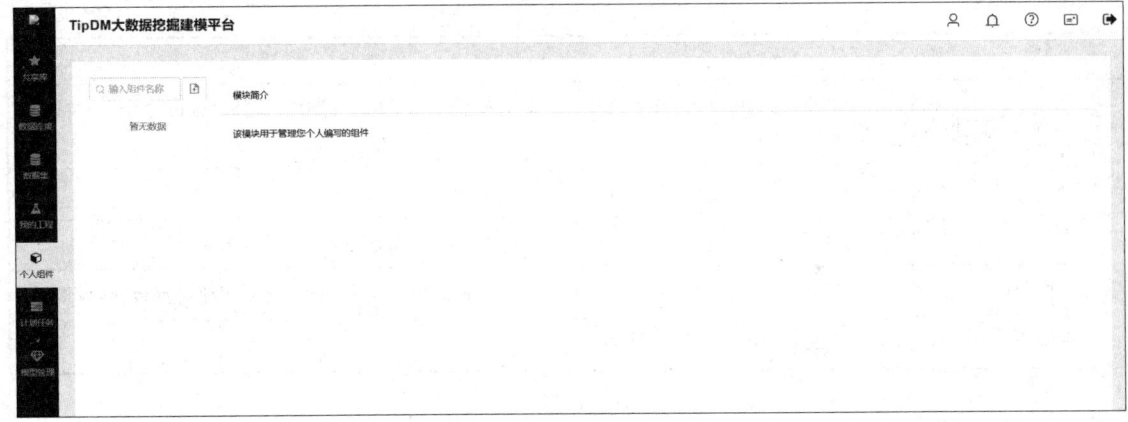

图 8-6　定制个人组件

8.2　使用平台实现游客景区印象分析

以游客景区印象分析案例为例，在平台上配置对应工程。

8.2.1　使用平台实现游客景区印象分析的总体流程

在平台上实现游客景区印象分析的总体流程如图 8-7 所示，主要包括以下 4 个步骤。

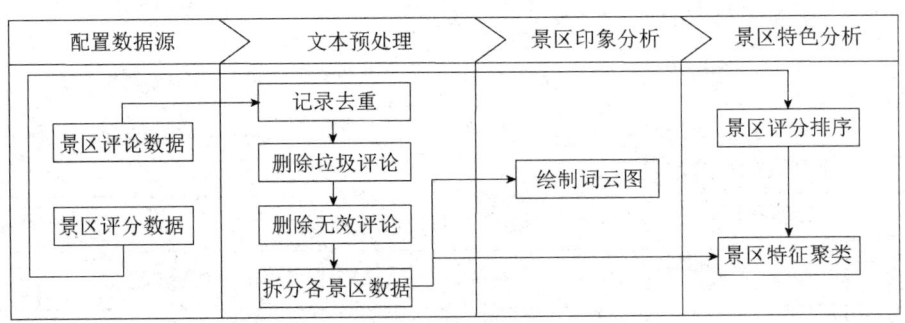

图 8-7　游客景区印象分析的总体流程

（1）配置数据源。在平台导入相关数据与文件，包括景区评论.csv、景区评分.csv、stopword.txt、aixin.jpg、simhei.ttf。

（2）文本预处理。对景区评论数据进行预处理，先对重复记录的数据进行去重，然后删除垃圾评论和无效评论，最后再根据景区名称对数据进行拆分。

（3）景区印象分析。先将预处理好后的景区评论数据文件解压，再对解压出来的文件根据各景区评论内容绘制词云图。

（4）景区特色分析。先根据景区评分数据对各景区进行评分排序并分层，再根据各景区评论内容进行特征聚类，分析聚类结果得出各景区的特色与亮点。

在平台上进行配置的总体流程如图8-8所示。

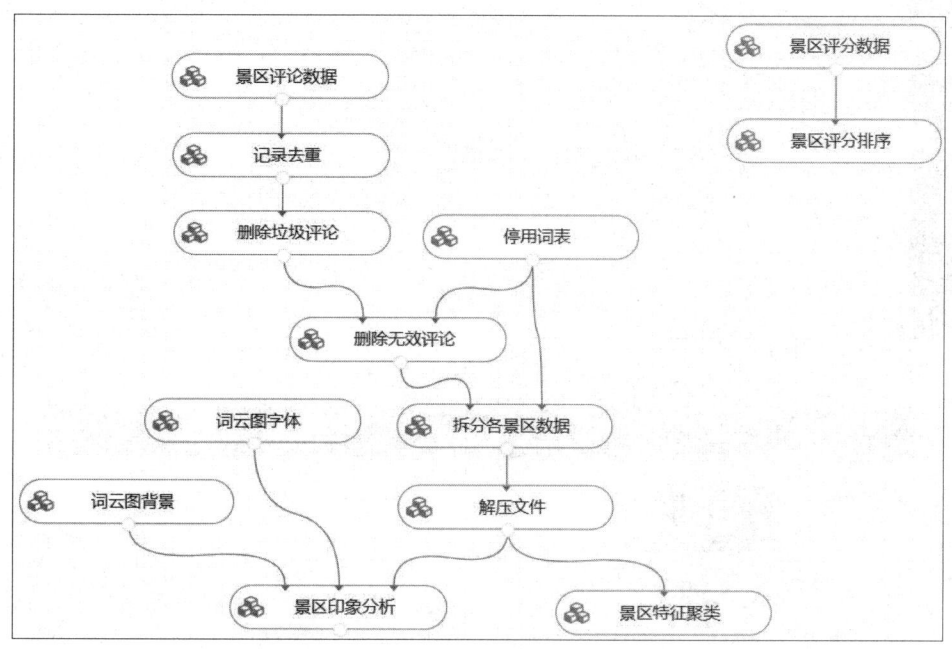

图8-8　在平台上进行配置的总体流程

8.2.2　配置数据源

本案例使用的数据共5份，分别为景区评论.csv、景区评分.csv、stopword.txt、aixin.jpg、simhei.ttf。其中，景区评论.csv和景区评分.csv为第6章中景区评论.xlsx和景区评分.xlsx转为.csv格式后的文件，stopword.txt为对景区评论数据中的评论内容去停用词时使用的停用词表，aixin.jpg和simhei.ttf分别为绘制词云图时使用的词云图背景和词云图字体文件。使用平台导入数据，具体操作步骤如下。

（1）新增数据集。单击"数据集"模块中的"新增"按钮，如图8-9所示，弹出"新增数据集"对话框。

（2）设置新增数据集参数。在"封面图片"中随意选择一张封面图片，在"名称"文本框中输入"游客景区印象分析"，在"有效期（天）"中选择"永久"，在"描述"中输入对数据集的简短描述，单击"点击上传"超链接，在弹出的对话框中选择需要上传的文件（景区评论.csv、景区评分.csv、stopword.txt、aixin.jpg、simhei.ttf），等待所有文件上传成功后，单击"确定"按钮，即可上传，如图8-10所示。

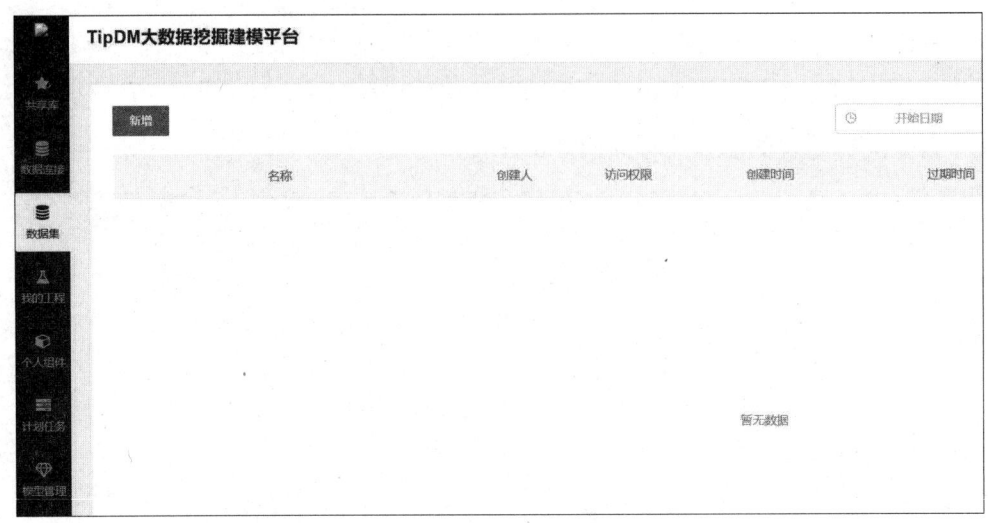

图 8-9 "新增数据集"对话框

图 8-10 设置新增数据集参数

数据上传完成后,在"我的工程"模块中新建一个名为"游客景区印象分析"的空白工程,并在"描述"中输入对工程的描述。在工程中配置"输入源"组件,具体操作步骤如下。

(1)拖曳"输入源"组件。在"我的工程"模块的"组件"栏中,将"系统组件"下"输入/输出组件"中的"输入源"组件拖曳至画布中。

（2）配置单个"输入源"组件。单击画布中的"输入源"组件，然后在画布右侧"参数配置"栏中的"数据集"文本框中输入"游客景区印象分析"，在弹出的下拉框中选择"游客景区印象分析"，在"名称"框中选中"景区评论.csv"。右击"输入源"组件，在弹出的快捷菜单中选择"重命名"命令并输入"景区评论数据"，如图 8-11 所示。

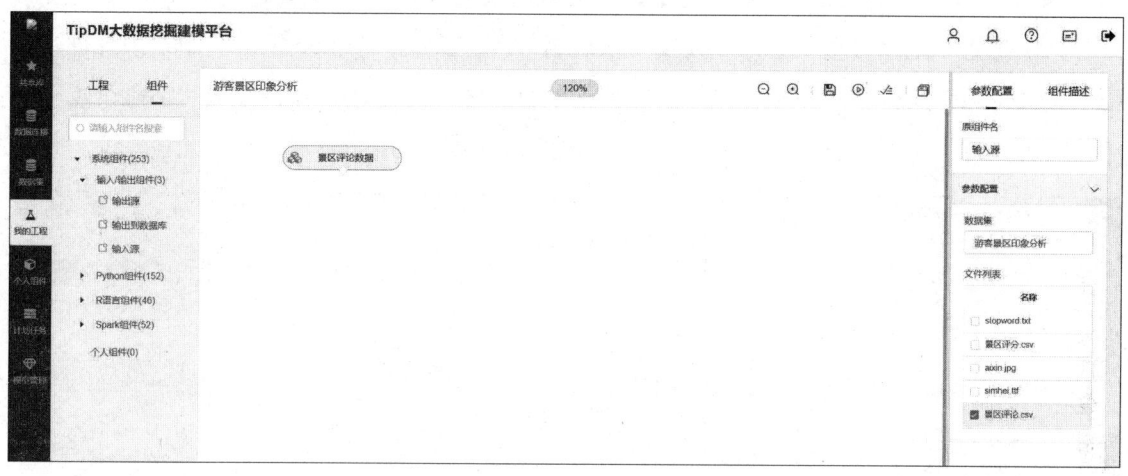

图 8-11 配置"景区评论数据"组件

（3）配置所有"输入源"组件。重复步骤（1）和步骤（2），配置其他 4 个"输入源"组件，对应的数据分别为景区评分.csv、stopword.txt、aixin.jpg、simhei.ttf，并分别将 4 个"输入源"组件重命名为"景区评分数据""停用词表""词云图背景""词云图字体"，如图 8-12 所示。

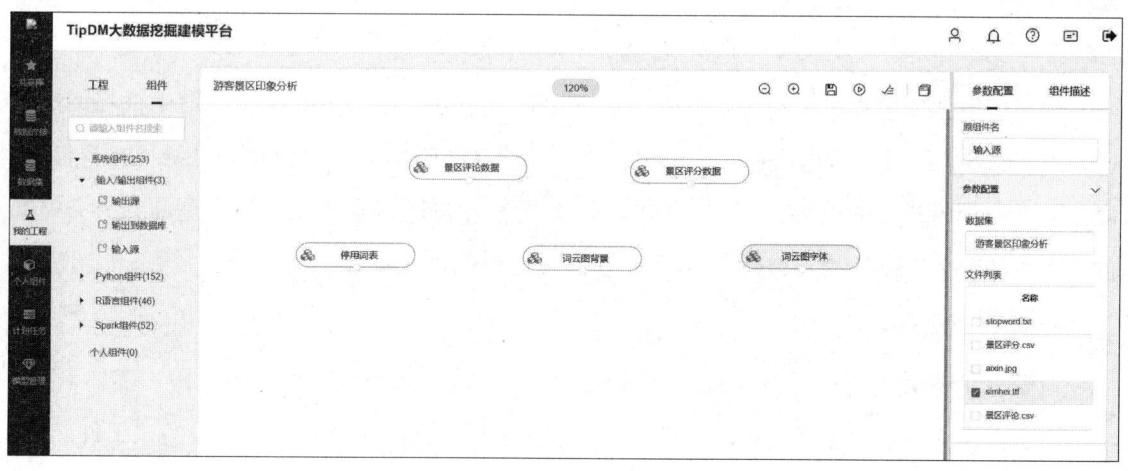

图 8-12 配置全部"输入源"组件

8.2.3 文本预处理

下面将分为 4 个步骤实现文本预处理：首先对景区评论数据进行记录去重，其次依次对景区评论数据进行删除内容性垃圾评论和删除无效评论（停用词），最后还需要根据景区名称对进行处理后的景区评论数据进行拆分。

1. 记录去重

景区评论数据中可能存在重复记录，需要对数据进行去重，具体操作步骤如下。

（1）配置"记录去重"组件。拖曳"系统组件"模块下"Python组件"中"预处理"类的"记录去重"组件至画布中，与"景区评论数据"组件相连接，并将右侧"字段设置"栏中"特征"和"去重主键"下的字段全选，如图8-13所示。

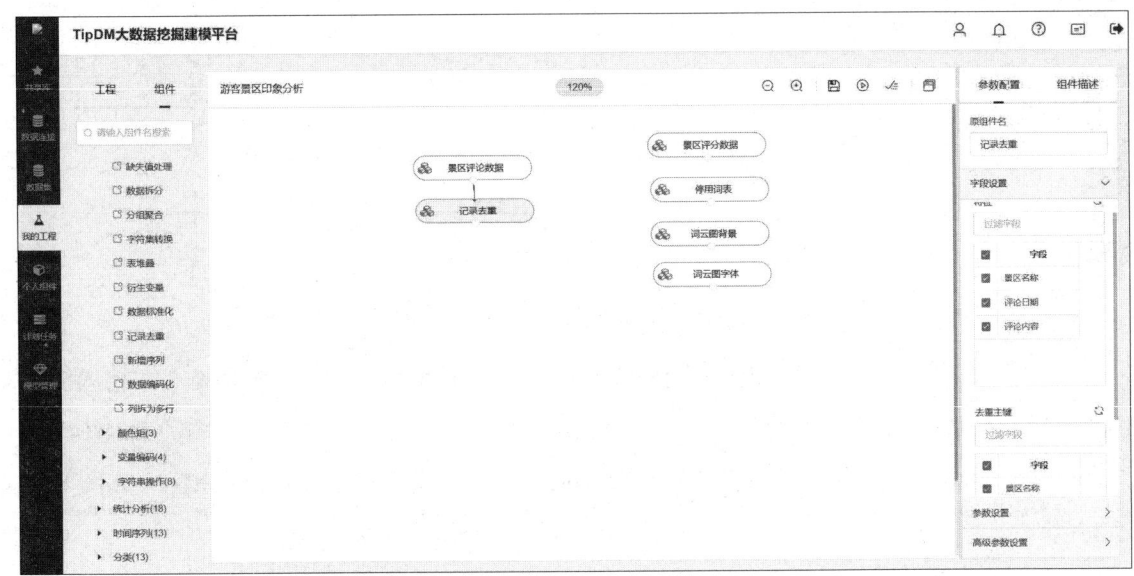

图8-13　配置"记录去重"组件

（2）运行"记录去重"组件。右击"记录去重"组件，在弹出的快捷菜单中选择"运行该节点"命令，运行完后再次右击"记录去重"组件并在弹出的快捷菜单中选择"查看日志"命令，查看记录去重后的结果日志，如图8-14所示。景区评论数据记录去重前共有59106行，去重后剩余58801行，共删除了305条重复的景区评论数据。

2. 删除垃圾评论

对景区评论数据进行记录去重后还需删除内容性垃圾评论数据，具体操作步骤如下。

（1）自定义"删除垃圾评论"组件。在"个人组件"模块中添加组件，设置"组件名称"为"删除垃圾评论"，"计算引擎"选择"Python"，在"组件代码"中自定义该组件的代码，具体添加内容详见本书提供的"删除垃圾评论.txt"文件，添加完内容后单击"添加"按钮即可完成自定义组件，如图8-15所示。

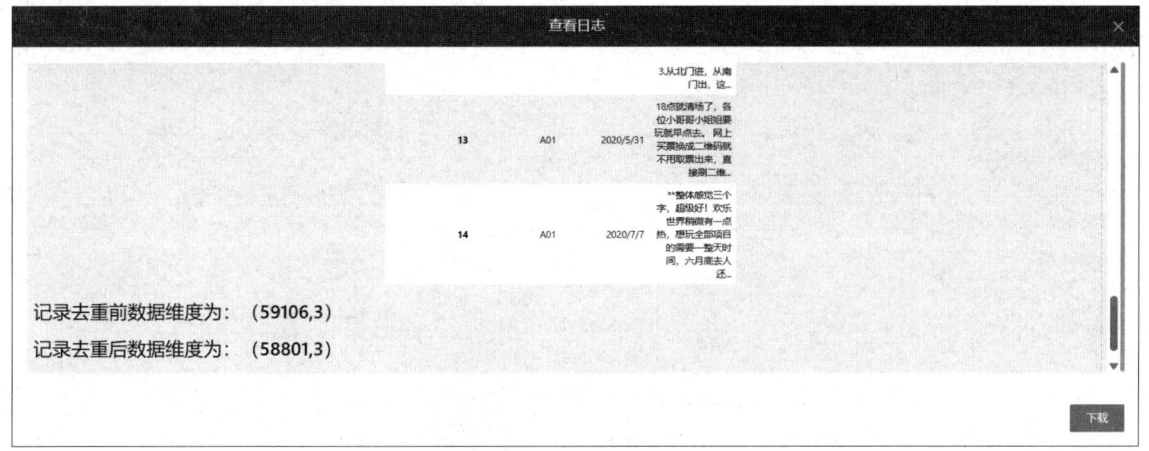

图 8-14　查看记录去重后的结果日志

图 8-15　自定义"删除垃圾评论"组件

（2）配置和运行"删除垃圾评论"组件。在"我的工程"模块中，将"游客景区印象分析"工程中"个人组件"下的"删除垃圾评论"组件拖曳至画布中，并与"记录去重"组件相连接，之后右击"删除垃圾评论"组件，在弹出的快捷菜单中选择"运行该节点"命令，如图 8-16 所示。运行成功后，右击"删除垃圾评论"组件并在弹出的快捷菜单中选择"查看日志"命令即可查看结果，此处删除垃圾评论后的景区评论数据维度为(58165, 3)。

3. 删除无效评论

景区评论数据中除了内容性垃圾评论，还存在无效评论（停用词），同样需要进行删除，具体操作步骤如下。

（1）自定义"删除无效评论"组件。参照自定义"删除垃圾评论"组件的步骤，在"个人组件"中添加"删除无效评论"组件,组件代码的具体添加内容详见本书提供的"删除无效评论.txt"文件。

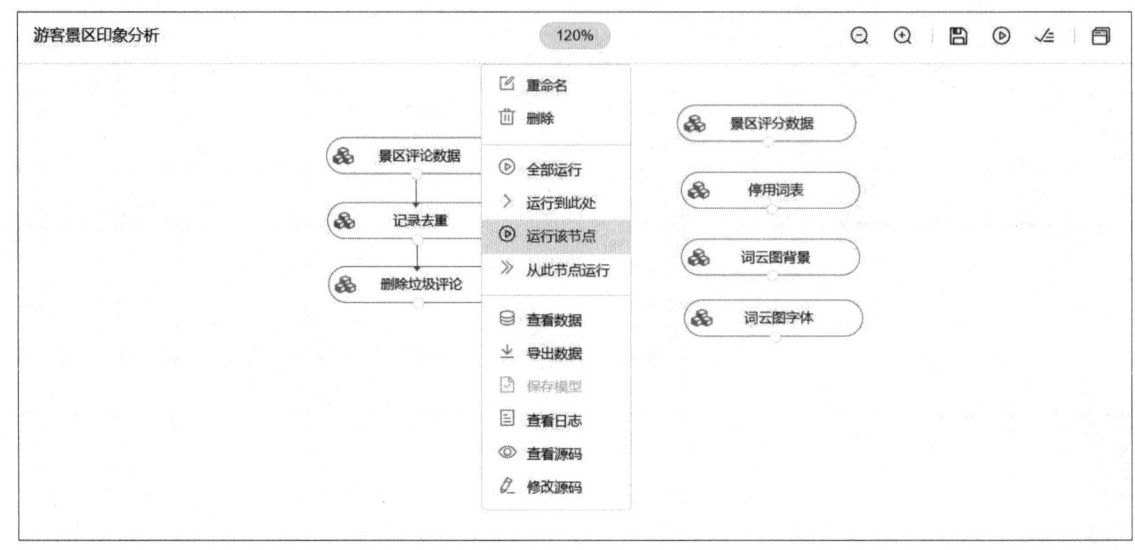

图 8-16　配置并运行"删除垃圾评论"组件

（2）配置和运行"删除无效评论"组件。在"我的工程"模块中,将"游客景区印象分析"工程中"个人组件"下的"删除无效评论"组件拖曳至画布中,并从左至右依次与"删除垃圾评论"组件和"停用词表"组件相连接,如图 8-17 所示。之后同样右击"删除无效评论"组件,在弹出的快捷菜单中选择"运行该节点"命令,并在运行成功后右击"删除无效评论"组件,在弹出的快捷菜单中选择"查看日志"命令查看结果。此时删除无效评论后的景区评论数据维度为(55755, 3)。

4. 拆分各景区数据

根据景区名称对记录去重、删除垃圾评论、删除无效评论后的景区评论数据进行拆分,具体操作步骤如下。

（1）自定义"拆分各景区数据"组件。在"个人组件"模块中添加"拆分各景区数据"组件,组件代码的具体添加内容详见本书提供的"拆分各景区数据.txt"文件。

（2）配置和运行"拆分各景区数据"组件。在"我的工程"模块中,将"游客景区印象分析"工程中"个人组件"下的"拆分各景区数据"组件拖曳至画布中,并从左至右依次与"删除无效评论"组件和"停用词表"组件相连接,如图 8-18 所示。然后右击"拆分各景区数据"组件,在弹出的快捷菜单中选择"运行该节点"命令。

（3）导出数据。运行成功后右击"拆分各景区数据"组件,在弹出的快捷菜单中选择"导出数据"命令,此处默认保存至本地的是一份.txt 类型的文本文件,需先将保存至本地的文件重命名为"各景区数据.zip"。重命名后即可正常解压文件，文件中共包含了 A01 景区.csv 到 A50 景区.csv 共 50 份景区数据。

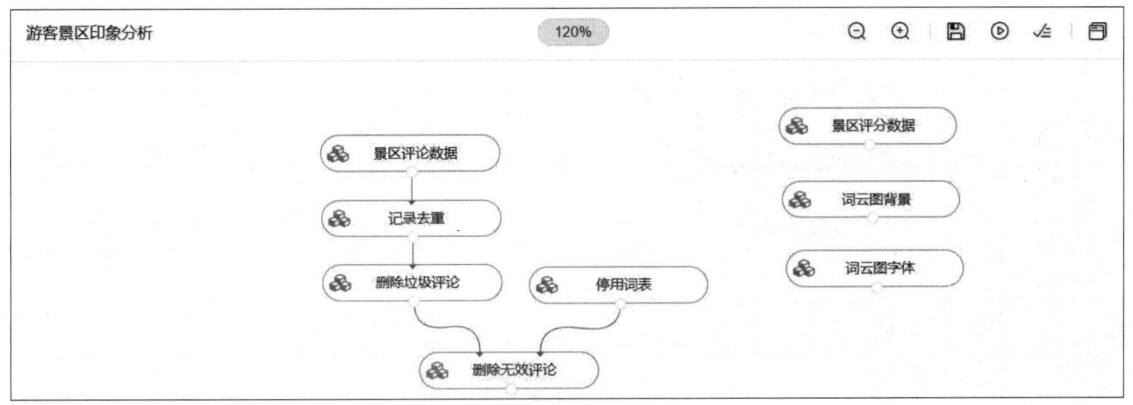

图 8-17　连接"删除无效评论"组件

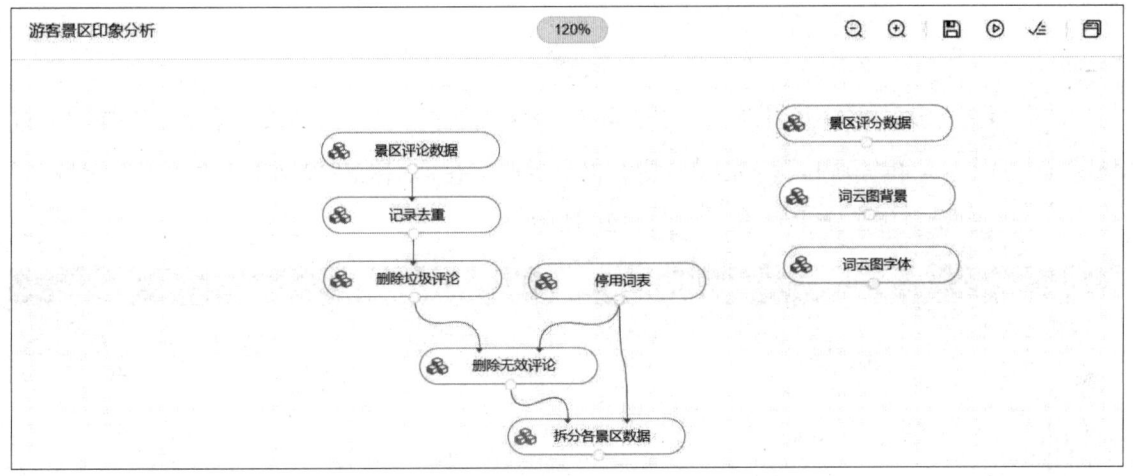

图 8-18　连接"拆分各景区数据"组件

8.2.4　景区印象分析

下面将分为两个部分实现景区印象分析：首先对经过预处理后的各景区数据文件进行解压，再根据解压后的各景区数据文件中的文本计算各评论词的热度，并绘制词云图进行可视化展示，进而更加直观地感受各目的地的印象。

1. 解压文件

由于预处理后的各景区数据保存在压缩文件中，此处需先解压文件后才可进行后续分析，具体解压步骤如下。

（1）配置"解压文件"组件。在"系统组件"模块中，将"Python 组件"中"预处理"

下的"解压文件"组件拖曳至画布中,并与"拆分各景区数据"组件相连接,如图8-19所示。

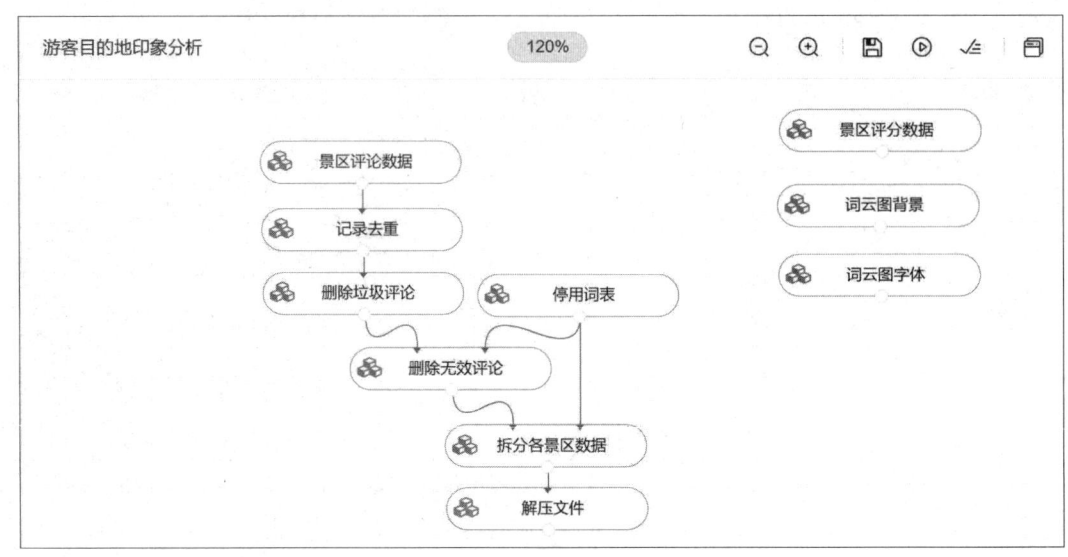

图 8-19　配置"解压文件"组件

（2）运行"解压文件"组件。右击"解压文件"组件,在弹出的快捷菜单中选择"运行该节点"命令,运行完后再次右击"解压文件"组件并在弹出的快捷菜单中选择"查看日志"命令,查看解压文件的结果日志,如图8-20所示。

图 8-20　运行"解压文件"组件

2. 绘制词云图

对景区的评论文本进行挖掘,计算各评论词的热度,即词所出现的次数,并绘制词云图进行可视化展示,进而更加直观地感受游客对各景区的印象。具体操作步骤如下。

（1）自定义"景区印象分析"组件。在"个人组件"模块中添加"景区印象分析"组件,组件代码的具体添加内容详见本书提供的"景区印象分析.txt"文件。

（2）配置和运行"景区印象分析"组件。在"我的工程"模块中，将"游客景区印象分析"工程中"个人组件"下的"景区印象分析"组件拖曳至画布中，并从左至右依次与"词云图背景"组件、"词云图字体"组件和"解压文件"组件相连接，如图8-21所示。之后右击"目的地印象分析"组件，在弹出的快捷菜单中选择"运行该节点"命令。

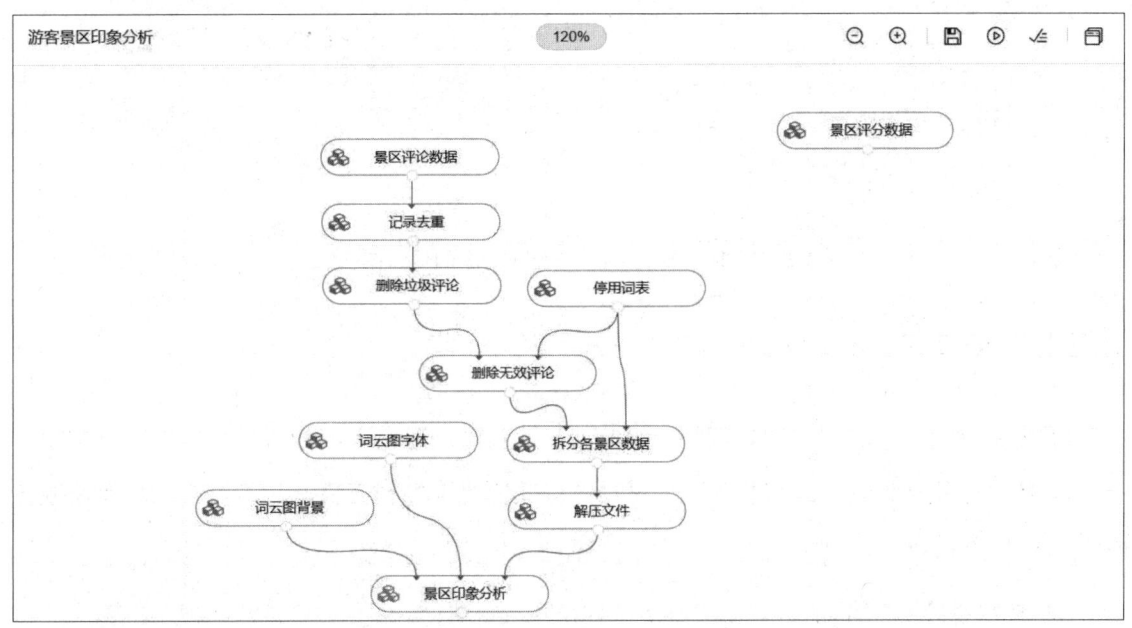

图8-21　配置和运行"景区印象分析"组件

（3）导出数据。运行成功后右击"景区印象分析"组件，在弹出的快捷菜单中选择"导出数据"命令，此处保存至本地的同样是一份.txt类型的文本文件。先将保存至本地的文件重命名为"各景区词云图.zip"，之后即可正常解压文件，文件中共包含了A01.png到A50.png共50份景区词云图。以A01、A02、A03、A04景区为例，查看词云图结果如图8-22所示。

图8-22　A01、A02、A03、A04景区的词云图

图 8-22 A01、A02、A03、A04 景区的词云图（续）

8.2.5 景区特色分析

下面将分为两个部分实现景区特色分析：首先需要根据景区评分数据对景区进行排序并分层，再从各个分层中筛选部分景区，对景区特征进行聚类并分析其聚类结果，从而挖掘各个景区的独有特色。

1. 各景区评分排序

根据"总得分—服务得分—位置得分—设施得分—卫生得分—性价比得分"的评分高低对景区进行排序，并按照等距法将景区分为高、中、低 3 个层次。具体操作步骤如下。

（1）自定义"景区评分排序"组件。在"个人组件"模块中添加"景区评分排序"组件，组件代码的具体添加内容详见本书提供的"景区评分排序.txt"文件。

（2）配置和运行"景区评分排序"组件。在"我的工程"模块中，将"游客景区印象分析"工程中"个人组件"下的"景区评分排序"组件拖曳至画布中，并与"景区评分数据"组件相连接，如图 8-23 所示。右击"景区评分排序"组件，在弹出的快捷菜单中选择"运行该节点"命令，并在运行成功后再次右击"景区评分排序"组件，在弹出的快捷菜单中选择"查看日志"命令，查看结果如图 8-24 所示。

2. 各景区特征聚类

采用 K-means 算法挖掘各个景区的独有特色，首先对景区进行特征聚类，其次分析其聚类结果。这里仅在高、中、低各层次中各随机筛选出 3 个景区进行特征聚类分析，筛选结果如表 8-5 所示。

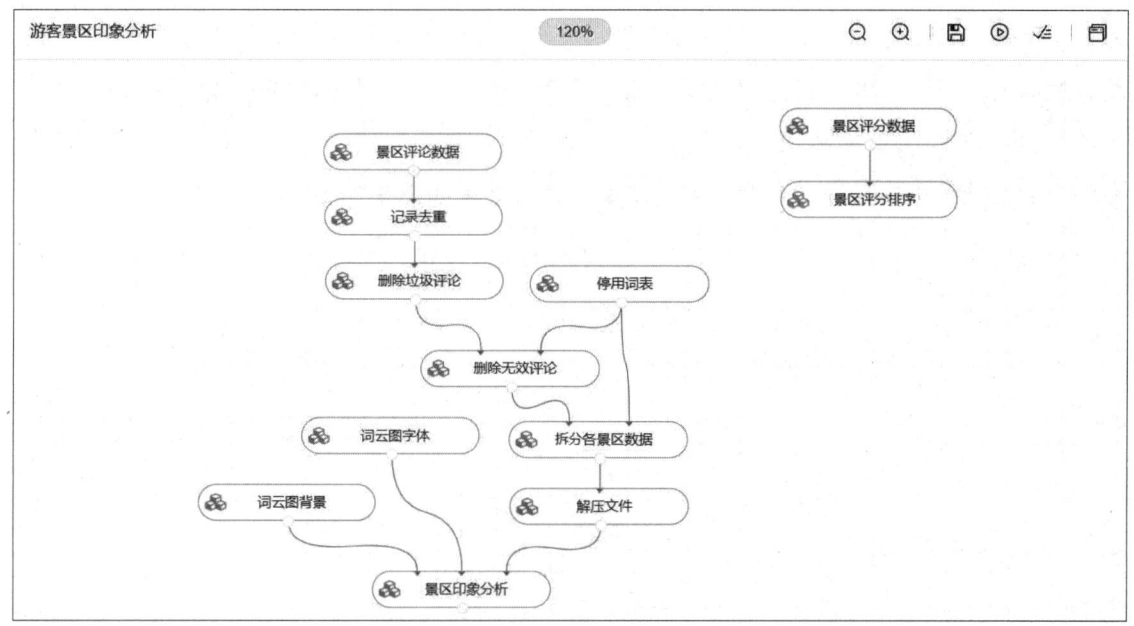

图 8-23 连接"景区评分排序"组件

图 8-24 景区评分分层和排序结果

表 8-5 各层次景区的筛选结果

层次	景区编号
高层次	A39、A23、A06
中层次	A12、A34、A01
低层次	A42、A04、A27

在平台上实现各景区特征聚类的具体操作步骤如下。

（1）自定义"景区特征聚类"组件。在"个人组件"模块中添加"景区特征聚类"组件，组件代码的具体添加内容详见本书提供的"景区特征聚类.txt"文件。

（2）配置和运行"景区特征聚类"组件。在"我的工程"模块中，将"游客景区印象分析"工程中"个人组件"下的"景区特征聚类"组件拖曳至画布中,并与"拆分各景区数据"组件后面的"解压文件"组件相连接,如图 8-25 所示。右击"景区特征聚类"组件,在弹出的快捷菜单中选择"运行该节点"命令,并在运行成功后再次右击"景区特征聚类"组件,在弹出的快捷菜单中选择"查看日志"命令,查看结果如图 8-26 所示。

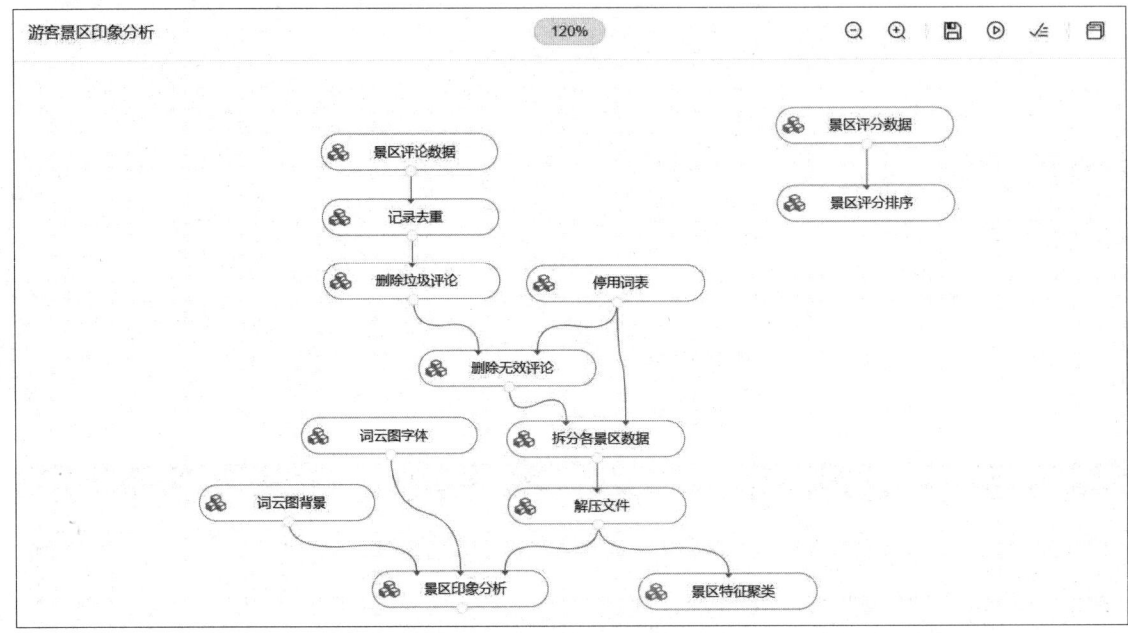

图 8-25 连接"景区特征聚类"组件

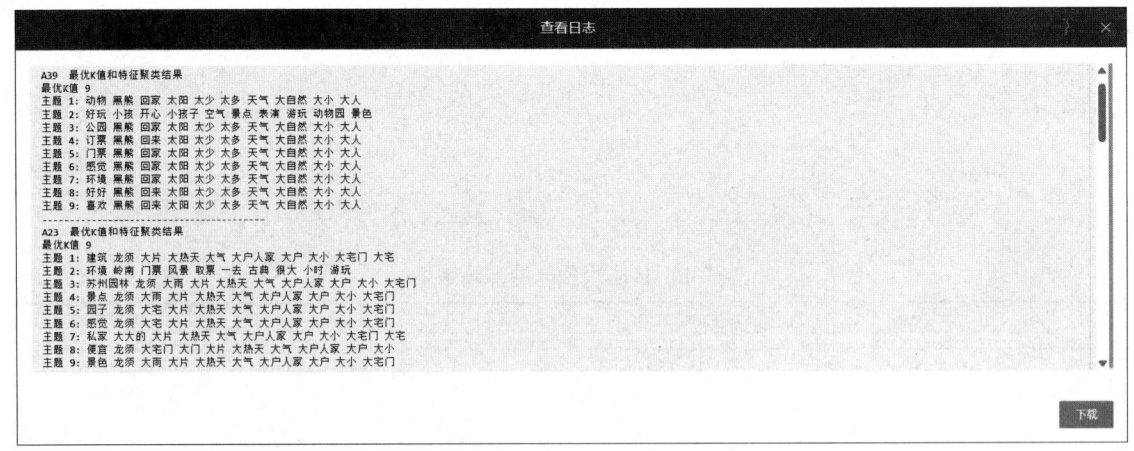

图 8-26 部分景区特征聚类结果

统计查看各景区的最优 K 值计算结果和特征聚类结果,分别在高、中、低 3 个层次中各选一个景区查看特征聚类结果,以 A23(高层次)、A34(中层次)和 A04(低层次)3 个景区为例,景区特征聚类结果如表 8-6~表 8-8 所示。需要注意的是,每次运行的聚类结果都有可能变化。

表 8-6　A23 景区的特征聚类结果

主题 1	建筑 龙须 大片 大热天 大气 大户人家 大户 大小 大宅门 大宅
主题 2	环境 岭南 门票 风景 取票 一去 古典 很大 小时 游玩
主题 3	苏州园林 龙须 大雨 大片 大热天 大气 大户人家 大户 大小 大宅门
主题 4	景点 龙须 大雨 大片 大热天 大气 大户人家 大户 大小 大宅门
主题 5	园子 龙须 大宅 大片 大热天 大气 大户人家 大户 大小 大宅门
主题 6	感觉 龙须 大宅 大片 大热天 大气 大户人家 大户 大小 大宅门
主题 7	私家 大大的 大片 大热天 大气 大户人家 大户 大小 大宅门 大宅
主题 8	便宜 龙须 大宅门 大门 大片 大热天 大气 大户人家 大户 大小
主题 9	景色 龙须 大雨 大片 大热天 大气 大户人家 大户 大小 大宅门

表 8-7　A34 景区的特征聚类结果

主题 1	好玩 龙湖区 嘟比 回家 园内 园区 国庆 地区 地点 坐车
主题 2	开心 门票 小孩 工作人员 东西 便宜 取票 游戏 小朋友 玩得
主题 3	建议 龙湖区 块钱 四点 回家 园内 园区 国庆 地区 地点
主题 4	不用 龙湖区 四点 园内 园区 国庆 地区 地点 坐车 块钱
主题 5	刺激 龙湖区 垃圾 回家 园内 园区 国庆 地区 地点 坐车
主题 6	排队 龙湖区 块钱 园内 园区 国庆 地区 地点 坐车
主题 7	喜欢 龙湖区 块钱 园内 园区 国庆 地区 地点 坐车
主题 8	游乐 龙湖区 坐车 四点 回家 园内 园区 国庆 地点
主题 9	孩子 龙湖区 四点 回家 园内 园区 国庆 地区 地点 坐车

表 8-8　A04 景区的特征聚类结果

主题 1	游玩 龙卷风 大部分 大厦 大型项目 大大的 大学生 大小 大带 大洋
主题 2	好玩 开心 过山车 晚上 人太多 取票 好多 下次 小时 水上
主题 3	小朋友 太仓促 大厦 大型项目 大大的 大学生 大小 大带 大洋 大箱
主题 4	鬼屋 龙卷风 大部分 大半天 大厦 大型项目 大大的 大学生 大小 大带
主题 5	身份证 龙卷风 大门 大型项目 大大的 大学生 大小 大带 大洋 大箱
主题 6	感觉 龙卷风 大赞 大半天 大厦 大型项目 大大的 大学生 大小 大带
主题 7	刺激 龙卷风 大部分 大厦 大型项目 大大的 大学生 大小 大带 大洋
主题 8	门口 龙卷风 大赞 大半天 大厦 大型项目 大大的 大学生 大小 大带
主题 9	排队 龙卷风 大人 大厦 大型项目 大大的 大学生 大小 大带 大洋

得到各景区特征聚类之后的结果后便可对其结果进行分析，从而得到各个景区的特色与亮点，具体分析思路与第 6 章中的分析思路类似，此处不再重复。

本章小结

本章介绍了在 TipDM 数据大挖掘建模平台上配置并完成游客景区印象分析的工程，从导入数据配置数据源开始，再到对景区评价数据进行预处理，删除重复、垃圾和无效评论，确保分析结果的准确性。之后通过词云图展现游客对景区的印象，为景区特色识别提供直观依据。最后通过 K-means 算法对景区特色进行科学分类，突出各景区的特色与亮点。本章向读者展示了平台流程化的思维，使读者对游客景区印象分析案例的了解更加深入。同时，平台去编程、拖曳式的操作，便于没有 Python 编程基础的读者轻松地构建游客景区印象分析的工程。

课后习题

参考本章游客景区印象分析的流程，在平台上修改"景区特征聚类"组件中 K-means 算法中的参数，观察并分析不同的结果。

参考文献

[1] 肖刚,张良均. Python 中文自然语言处理基础与实战[M]. 北京:人民邮电出版社,2022.

[2] 涂铭,刘祥,刘树春. Python 自然语言处理实战:核心技术与算法[M]. 北京:机械工业出版社,2018.

[3] 周志华. 机器学习[M]. 北京:清华大学出版社,2016.

[4] Linting X., Constant N., Roberts A., et al. mT5: A Massively Multilingual Pre-trained Text-to-Text Transformer[J]. arXiv:2010. 11934v3, 2021.

[5] Raffel C., Shazeer N., Roberts A., et al. Exploring the Limits of Transfer Learning with a Unified Text-to-Text Transformer[J]. arXiv:1910.10683v4, 2020.